法國高中生 哲學讀本 V

# PASSERELLES

## PHILOSOPHIE TERMINALES L.ES.S

# 人認識到的實在是否受限於自身？
## —————— 探索真實的哲學之路

侯貝（Blanche Robert）等人——著

梁家瑜・蔡士瑋・廖健苡——譯

沈清楷——審

# 目錄

## 第一章 理性與真實 ＿＿＿＿＿＿＿＿＿＿＿＿＿＿＿＿＿2

**理性是心靈的能力，能用於區分真與假、善與惡。真實指的是存在的事物，相對於僅限於我們想像中的事物。**

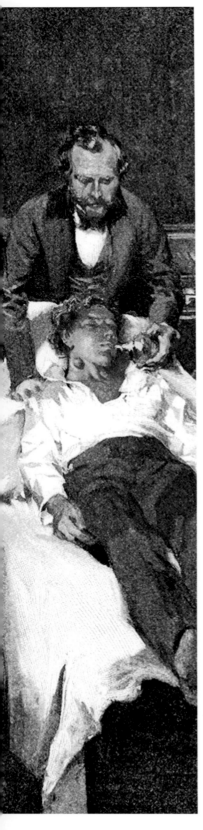

# 第三章 詮釋 ＿＿＿＿＿＿＿＿＿＿＿＿＿＿＿＿58

**所有詮釋都有不確定的特性，對事實的詮釋是否因此變成無用的、甚至是危險的？**

# 第五章 真理 _____112

**真理指的是一項陳述（斷言、命題）的特性，同時符合實在以及陳述自身。**

問題思考 ————————— COURS

哲人看法 ————————— TEXTES

延伸思考 ————————————— OUVERTURE

長文閱讀 ————————————— TEXTES LONG

進階問題思考 ————————————— PASSERELLE

## 【推薦序】

# 高中哲學教育的視野
## ——思考那不被思考的事情

文｜沈清楷（輔仁大學哲學系副教授、哲學星期五創辦人之一）

每年六月，法國都會有五、六十萬高中生參加長達四小時的高中哲學會考筆試，而近年來，台灣媒體同步瘋狂轉貼法國高中哲學會考題目，引發許多討論。或許有人基於對舶來品和法國的異國遐想而感到欣羨，也有人趁機宣洩對當前台灣作文考題的不滿，而法國高中哲學會考題目的開放性，更不禁讓人比對過去台灣在黨國體制下高中聯考必考的「三民主義」或是現存的「中華文化基本教材」以及國文的作文考題。似乎，台灣也應該有這樣的哲學會考？

我們常教學生或孩子思考，又害怕他們因為懂得思考而不服從管教，因而扼殺了思考。我們會用「不要想太多」來規訓他們生命的奔放，因此教他們思考是危險的，因而，哲學是危險的，因為它要求思考，思考那不被思考的事情！因為學會了思考，他們會頂嘴、反駁、要求合理。但是，轉念一想，如果透過思考尋找理由彼此說服與溝通，不因為學生或孩子頂嘴而認定他們不受教，他們便可能在思考過程中學習如何傾聽與溝通。而大人只要放下身段，不以權威自居，將會成為他們未來最好的對話者與忘年之交。大人也可以從他們的真摯，反省我們太過人性的世俗，學習到我們可能早已遺忘的純真。因此，重點不是「不要想太多」，而是「怎麼想」。哲學教育也不會停留在怎麼想，因為，思考在某一刻會觸發行動。

法國高中有個耳熟能詳的謠傳：在上了一學期的哲學課之後，哲學老師教導如何找出問題意識，針對一般看法提出反思，形成定義後，進行正反論證、旁徵博引等等。期末考到了，老師出了一個題目：何謂風險？並規定作答方式、答題時間、評分標準。結果有個學生以很快的速度交卷，並得到了最高分。他在一本幾頁的答題本的最後一頁，只寫著一句話：「這就是風險。」這個故事後來也發展出其他版本：「何謂勇氣？」、「何謂膽量？」這個故事後來還被拍成電影，鼓勵學生獨立思考，發揮創意，對思考後所付諸的行動，還要勇於承擔行動的風險。當然，只有第一個人是勇氣，其他就是毫無創意的重複和模仿。

## 法國高中哲學教育的要點

如果你真的相信「何謂風險？」是法國高中哲學會考題目，可能就小看了這個背後的規劃，因為台灣國小一般作文的考題，也可以出這樣的題目。先看一下2015年「人文」、「科學」、「經濟社會」與「科技」四組的考題，每組都有兩題論文寫作加上一篇文本分析。分別如下：

### 【人文組】
**論文寫作**

第一題：尊重所有活著的存在，是一種道德義務嗎？

(Respecter tout être vivant, est-ce un devoir moral?)

第二題：我是我的過去所造成的嗎？

(Suis-je ce que mon passé a fait de moi?)

**文本分析**：托克維爾《論美國的民主》節選，1840 年

## 【科學組】

### 論文寫作

第一題：藝術作品一定要有意義嗎？

(Une oeuvre d'art a-t-elle toujours un sens?)

第二題：政治可以迴避人們對真實的要求嗎？

(La politique échappe-t-elle à l'exigence de vérité?)

**文本分析**：西塞羅《論占卜》節選，公元前一世紀

## 【經濟社會組】

### 論文寫作

第一題：個體的意識只是所處社會的反映？

(La conscience de l'individu n'est-elle que le reflet de la société à laquelle il appartient?)

第二題：藝術家的創作是可被理解的？

(L'artiste donne-t-il quelque chose à comprendre?)

**文本分析**：史賓諾莎《神學政治論》節錄，1670 年

## 【科技組】

### 論文寫作

第一題：文化造就了人類？

(La culture fait-elle l'homme?)

第二題：人若不自由也可能幸福嗎？

(Peut-on être heureux sans être libre?)

**文本分析**：休謨《人類理解論》節錄，1748 年

　　光看題目的深度或難度與多樣性，以及人文組、科學組、經濟社會組、科技組等各個不同組別都要學哲學，便讓人好奇這些題目基於什麼樣的「課綱」，或是根據什麼課程內容的編排，以及什麼樣的教學過程，才可以使學生知道如何作答？法國的高中哲學課綱訂立著重在五大主題、哲學家、重要的觀念區辨（▶參見文末「法國高中哲學課綱」），不過，這個課綱是「簡綱」，而不同於台灣的「詳綱」；加上考試的推波助瀾，使得法國坊間充滿著琳瑯滿目的哲學教材。

　　法國高中哲學教育的重點可分為「觀念」與「作者」兩部分。在觀念方面，「普通會考類別」主要分為五大範疇：主體（自我認識）、文化、理性與真實、政治、道德。透過這些基本概念，再擴大延伸出如平等、感覺、欲望、語言、宗教、表現、國家或義務等觀念的思考，再根據不同學科斟酌比重。除了觀念，學生也須研讀作家或哲學家的作品，畢竟閱讀這些作品對於了解哲學十分重要。課程提供了會考範圍的哲學家清單，裡面共有57位作者，從時期來分，可分為「古希臘羅馬到中世紀」（從柏拉圖到奧坎，共15位作者）、「現代」（從馬基維利到康德，共18位作者）和「當代」（從黑格爾到傅柯，共24位作者）等三個時期。除了古代到中世紀很難用現代國家的概念來區分，現代、當代兩個時期的42位作者中，有19位是法國人、10位是英國人（或英文著作）、9位德國人，以及4位歐洲其他國家的作者。

　　法國高中哲學教育不從哲學史教起，而是注重問題意識的發現、對定義深入探討，並強調正反論理的過程。哲學於是成為跨越人文學科的基礎知識，以及培養公民思考能力的教育。法國的教科書出版業者便根據上述原則逕行撰寫，這一冊法國高中哲學讀本──理性與真實篇即是上述五大主題的其中之一。

## 本書是怎麼編排的？

　　從這一冊的主題「理性與真實」來看：除了導論之外，分成了四個子題開展，分別是「理論與經驗／論證」、「詮釋」、「生命／物質與心靈」、「真理」，主軸可以放在何謂「真實、實在」（réalité）以及對「理解」真實的可能與探索的方式，由於思考涉及到理性，真實則涉及到存在，也可以用更大的「思考與存在」之間的框架來理解。因此，這一冊的內容在五冊法國高中生哲學讀本之中，雖然不見得是最困難的，但卻是最具深度的，並且觸及了許多人幾乎已經放棄探問的問題：生命從哪裡來？

我們如果以為自己知道什麼是真實，那麼我們的理性是透過什麼方式來理解它呢？這個真實是獨立於我之外，還是依附在我對它的認識或詮釋呢？如果只透過經驗來理解，我們如何面對一種個人經驗的概然性與相對性；如果是透過縝密的假設推論，具有邏輯一致性的理論所建構出來，理論和真實之間的距離為何？

細看本書的編排結構，從「一般看法」和「思考之後」兩種看法的對比開始，因為，思考起於對於生活周遭以及刻板印象的反省。接著試圖找出「定義」，再從定義找出「問題意識」，並在整個陳述的脈絡中，不斷點出「關鍵字區分」。從幾個大問題中，再細分出幾個更小的問題，藉著哲學家不同觀點的「引文」，一方面回到原典閱讀，另一方面，閱讀是為了分析這些觀點的「論據」。因此，面對哲學家，他們並非被當作大師來膜拜，因為盡信書不如無書，偶像崇拜不是教育的目的，這些哲學家的文本，只是作為思考時正反意見的參考，並用來擴充我們思考時的深度與廣度。接著，再從「進階問題思考」、「延伸思考」，更廣泛地去思考本書的內容，並輔助以電影、繪畫、歷史、新聞報導、文學等不同例子，從而再次深化問題意識，以便讓哲學的反思能夠進入某種具體情境中來思考。

比如說：在「一般看法」中，詮釋被當作是主觀甚至是任意的，好像應該要避免做出過多的詮釋，以免喪失客觀性，我們就可以進一步反思，是否可以不要詮釋，或是詮釋就完全不好？比如說，法官對犯罪事實的判決，不單是援引法條，而必須兼顧法律精神，才能進行綜合考量，這個過程中，法官進行了對事實的詮釋；醫師在診斷病情時，不僅是針對發生的症狀，還必須考慮到病史以及產生相同效果背後的多種可能性才能確定，這個過程中，醫生對病情進行了詮釋。因此，即使在所謂的客觀判斷，並不完全排斥詮釋，詮釋也可以是某種深思熟慮後的產物。不僅如此，人類活動常常存在著象徵性意義，如神話、藝術與文學作

品、電影等等都需要被詮釋，這些意義才能被再次看見。

詮釋上不可避免的主觀，還可以透過懷疑論「人是萬物的尺度」進一步加強，甚至說出：不存在客觀真理，一切都是主觀、個人、相對。這種相對性真理的主張，一方面，我們避免陷入一種獨斷，而產生一種開放或謹慎的態度，挑戰了既定事實的權威性，以及透過自己進行反思的必要性，提醒我們不可輕信自以為是，避免人云亦云的化約式觀點；另一方面，要防範的危險會是，一切都是相對的，不僅事先判定了絕對真理的不可能，同時也可能將自己變成絕對，因為如果我們說，一切都是相對的，甚至說如果有絕對，那就是一種相對的絕對，轉換一種徹底地對絕對真理的否定。起於謹慎的懷疑論，最後可能變成無所作為的懶惰的藉口，而進入到另一種獨斷。那我們如何面對這種荒謬的相對論結局？

關於詮釋，我們當然可以根據尼采所說，「一切判斷都取決於我們所站位置出發的觀點」，去考慮到主觀、相對的不可避免，但也不妨聽聽高達美的看法「與他者的討論是一個好的詮釋的條件，討論能讓詮釋更精準且更豐富」，詮釋過程需要避免主觀，不因為「每個人都有自己的詮釋」，就放棄溝通，我們還是可以藉由帶有批判性的討論，超越主觀與任意，朝向客觀意義，在詮釋過程中，帶來更好的相互理解、對真實的確認與意義的開顯。

## 「非物質」的事物是否存在？

傳統上我們習慣將生命視為靈魂和肉體的結合，因此，探討生命，常會觸及到靈魂和肉體的二元區分、結合與分離、主從。這個問題，也衍生到物質與心靈之間的關係，當我們無法在經驗上可以檢證出「靈魂」是什麼，常常將靈魂當成一種情感上的修辭，因為它無法被驗證，當然更視「靈魂不朽」是無稽之談。但是，如果靈魂不朽無法被證明，為何我們

卻很快接受了同樣在經驗上難以檢驗「物質不滅」的假設？靈魂不朽和物質不滅所隱含的前提是：存在就是存在，是不生不滅、不會消失的，而只有形式上的轉變，因此，真正的消亡是不存在的。

在我們尚未破解這個謎題之前，就生命而言，心靈與物質看似二元對立，各自有其重要角色，不過在科學主義下，我們卻習慣以物質來解釋精神，而精神性力量也大多屈服於物質性力量。是否只有物質性存在，或是我們可能只用物質性的方式，來解釋我們認為真實存在的事物，意志、思想、靈魂……等等？這些都是物質性的存在嗎？我們是否間接否定了「非物質性」的存在？

或許這種非物質的精神性存在被斥之為無稽之談，人是否就只能用物質性存在來解釋一切並且以物質效能來區分等級？在 AI 人工智慧研究甚囂塵上的這個時代，如果精神是以物質來解釋，如果有一天 AI 的學習能力超越了人，或許要說，這個趨勢已經是不可逆的發生了，AI 就是一種比較高級的存在？

如果我們假設了非物質的存在，如哲學傳統所預設的，不管我們稱之為什麼：精神、理智、思想、靈魂、自由意志、生命，並將這種非物質性存在作為我們區分人與 AI 的標準。將人視為是具有精神性的物質存在，而 AI 只不過是效能較佳的物質性存在，或為了人類生活的工具性存在。

試想，如果，物質到生命的轉換是可能的，一旦 AI 有了生命，有自主的判斷意識，我們如何面對這樣物質性的存在？生命之謎依然盤桓不去，也激發了人類的好奇心，創造一個效能更高的存在。一旦，萬一有一天 AI 有自己的意志想要脫離人類的控制，就如同小孩長大，要離開家裡，脫離父母的控制或不再依賴父母，我們應該尊重他們嗎？甚至可以想像，萬一有一天，AI 會不會覺得人類的能力不如他們，人類在這個世界上，甚至是多餘的低級存在？人類的創造是否正在走向自我毀滅之路？

還是這是人類所想望的真實？

這些對生命的反思，在人開始思索質疑周遭發生的現象以及既定價值時，就會開始發酵。我們還是可以停留在「反正什麼都一樣」的相對論當中，以無所謂的態度去逃避思考，當然也可以透過這本書的「問題意識」，進一步以正方、反方思考人性或共同生活中必然觸及的問題及價值，以及可行的解決之道。不同觀點能提供參考，破除一些邏輯上的矛盾，但真正的答案還是屬於願意思考的人。

## 法國的哲學教育，台灣適用嗎？

法國高中哲學會考是否適用於台灣？一看到「考試」二字，我們便不免擔憂這種四小時的哲學寫作會考，在台灣現行的教育體制下，對學生的負擔是否會太重？會不會因為考試而變成另一種強迫式的八股答題文化？然後還要上補習班，才能通過會考？是否可能揠苗助長，反而讓人對經典閱讀失去興趣、對哲學思辨望之卻步？法國高中哲學會不會是一種外來思想的移植？而這種思想的自我殖民是否有其必要？這些問題都是有意義的。但面對台灣的教育，我們還是可以反省，現行高中人文教育是否輕忽高中生閱讀經典與思辨的能力？另外，如果哲學能作為豐富高中人文學養以及視野的參考，將之排除在高中課程之外又豈不可惜？試圖在高中階段注入人文思想的有志之士，可以思考的是，如何在不增加學業或考試的負擔之下，調整哲學課程的時數比例，或是把哲學融入歷史、公民、地理等人文課程，鼓勵閱讀、反思和想像。這系列書籍只是「文化視野的參考」，台灣高中哲學教育也確實不能以法國思考為標準，而是應該鼓勵台灣這一代優秀的大學教授和高中老師自行撰寫。只有他們才會回到台灣自身環境來思考，才可能豐沛下一代的人文素養。

儘管法國高中有哲學教育，但它並非萬靈丹，也無法負擔全部的教育責任與後果。如果

可能，它或許能培育傾聽、求證、參考不同意見後的反思態度，至於思考的深度與廣度，還是繫於個人的反思能力。看著學生或孩子天真的臉龐，其實他們擁有一顆趨向成熟的心靈。當大人跟他們說「不要想太多時」，他們很可能眨著眼，微笑看著你（心中反駁著：「是不是你想太少了啊？」XDD）。

## 感謝

這本書的出版因緣，特別要謝謝我在比利時魯汶大學留學時所結識的宋宜真小姐的堅持與耐心，她在坊間已經有許多哲學普及讀物之際，還願意請在法國巴黎留學的魏聰洲先生將許多版本的法國教科書寄回台灣，由我任選一本，然後找人翻譯成中文。不知好歹的我，選了一本高達六百頁的教科書（陸續分為五冊出版）。當初之所以選擇較厚重的版本，是因為商業或考試用途的書大多輕薄短小，無法看到法國在教學現場許多高中老師在編排哲學教科書的企圖與選材上的豐富性。當然更要謝謝總編輯賴淑玲小姐的氣度與識見，不計成本、不做短線市場操作，在焦慮中耐心地包容譯者和審定者的龜毛與拖稿。

這本書的目的也不是原封不動地「移植」西方哲學的教材或教法給台灣的高中生或老師，只是希望作為台灣未來哲學教育「參考」的文化視野。它同時也是給「大人」看的。只要一進入這本書，就會發現，我們可以為自己的下一代做得更多。台灣目前已經有許多人對哲學普及教育進行推廣、引介、原創等哲學寫作，如議題最廣泛的公民論壇「哲學星期五」、台灣高中哲學教育推廣學會（PHEDO）在南港高中的人文課程，並在教育廣播電台籌辦「哲學咖啡館」節目，以及「哲學哲學雞蛋糕」、「哲學新媒體」和「哲思台灣」等媒體或平台。還有年輕一代的台灣學者更以哲學知識，直接回到台灣公共議題論辯的努力，所共同推動的哲普教育「沃草烙哲學」，以及2017年「民視台灣學堂」開設的哲學節目（如「哲學現場」或「哲學談淺淺地」），使得向來被視為偏僻冷門的哲學，進入主流媒體之中。這些耗費心力卻難得的嘗試，也為整個台灣公民社會議題帶入更多思辨與想像，並找出適合於台灣多元文化的本土高中哲學教育。這套《法國高中生哲學讀本》全系列共五本的分冊翻譯出版過程，見證與加入了這個運動的行列，也在推動台灣高中哲學教育以及在台灣人民的自我啟蒙的歷程中，共同努力、加油、打氣。

謝謝哲學星期五策劃人之一的廖健苡小姐、梁家瑜先生，願意耗費大量心力翻譯這本「結緣品」。不論他們是否因交友不慎而誤入歧途、擔任翻譯的苦主，我更珍惜的是他們低調的使命感，使得筆者在校稿上輕鬆不少。感謝主編宋宜真、官子程，在仔細閱讀後的提問、盡可能照顧一般讀者，在字詞用語上的仔細斟酌，讓文句盡可能通順好讀。

最後，這本法國高中哲學教科書理性與真實篇許多的經典引文，都是根據已有法文譯本，而中文版盡可能參照原文（希臘文、拉丁文、德文、英文）。在審校過程中，除了法文的原文由筆者進行校稿，要特別謝謝輔大哲學系諸多同事以及許多老師義務幫忙校閱其他語文的譯文：張存華教授協助書稿中康德德文的比對校正；黃麗綺教授協助尼采德文比對校正；陳妙芬教授協助高達美的德文比對校正；吳豐維教授協助波普、詹姆斯的英文比對校正。正是他們的無私和由於他們學養的挹注與義助，才讓這本書增色不少，也具有更多參考價值。當然，審校後的文責由我承擔，與這些拔刀相助的苦主無關。大學以來，在知識上啟發與教導許多的丁原植與林春明兩位老師，以及在學思過程提醒幫助的邱建碩、傅玲玲兩位學長姊，都讓我對他們感念再三。在此，向他們所有人的友誼與熱情，致上最深的謝意。

# 法國高中哲學課綱

## 觀念

| 人文組 (Série L) | 經濟社會組 (Série ES) | 科學組 (Série S) |
|---|---|---|
| **主體** (Le sujet) | **主體** (Le sujet) | **主體** (Le sujet) |
| 意識 (La conscience) | 意識 (La conscience) | 意識 (La conscience) |
| 知覺 (La perception) | 知覺 (La perception) | 知覺 (La perception) |
| 無意識 (L'inconscient) | 無意識 (L'inconscient) | 欲望 (Le désir) |
| 他人 (Autrui) | 欲望 (Le désir) | |
| 欲望 (Le désir) | | |
| 存在與時間 (L'existence et le temps) | | |
| **文化** (La culture) | **文化** (La culture) | **文化** (La culture) |
| 語言 (Le langage) | 語言 (Le langage) | 藝術 (L'art) |
| 藝術 (L'art) | 藝術 (L'art) | 勞動與技術 (Le travail et la technique) |
| 勞動與技術 (Le travail et la technique) | 勞動與技術 (Le travail et la technique) | 宗教 (La religion) |
| 宗教 (La religion) | 宗教 (La religion) | |
| 歷史 (L'histoire) | 歷史 (L'histoire) | |
| **理性與真實** (La raison et le réel) | **理性與真實** (La raison et le réel) | **理性與真實** (La raison et le réel) |
| 理論與經驗 (Théorie et expérience) | 論證 (La démonstration) | 論證 (La démonstration) |
| 論證 (La démonstration) | 詮釋 (L'interprétation) | 生命 (Le vivant) |
| 詮釋 (L'interprétation) | 物質與心靈 (La matière et l'esprit) | 物質與心靈 (La matière et l'esprit) |
| 生命 (Le vivant) | 真理 (La vérité) | 真理 (La vérité) |
| 物質與心靈 (La matière et l'esprit) | | |
| 真理 (La vérité) | | |
| **政治** (La politique) | **政治** (La politique) | **政治** (La politique) |
| 社會 (La société) | 社會與交換 (La société et les échanges) | 社會與國家 (La société et l'État) |
| 正義與法律 (La justice et le droit) | 正義與法律 (La justice et le droit) | 正義與法律 (La justice et le droit) |
| 國家 (L'État) | 國家 (L'État) | |
| **道德** (La morale) | **道德** (La morale) | **道德** (La morale) |
| 自由 (La liberté) | 自由 (La liberté) | 自由 (La liberté) |
| 義務 (Le devoir) | 義務 (Le devoir) | 義務 (Le devoir) |
| 幸福 (Le bonheur) | 幸福 (Le bonheur) | 幸福 (Le bonheur) |

## 作者

| 古代 中世紀（15人） | 現代（18人） | 當代（24人） |
|---|---|---|
| 柏拉圖 PLATON | 馬基維利 MACHIAVEL | 黑格爾 HEGEL |
| 亞里斯多德 ARISTOTE | 蒙田 MONTAIGNE | 叔本華 SCHOPENHAUER |
| 伊比鳩魯 ÉPICURE | 培根 BACON | 托克維爾 TOCQUEVILLE |
| 盧克萊修 LUCRÉCE | 霍布斯 HOBBES | 孔德 COMTE |
| 塞內卡 SÉNÈQUE | 笛卡兒 DESCARTES | 古諾 COURNOT |
| 西塞羅 CICÉRON | 巴斯卡 PASCAL | 彌爾 MILL |
| 艾比克泰德 ÉPICTÈTE | 史賓諾莎 SPINOZA | 齊克果 KIERKEGAARD |
| 馬可·奧里略 MARC AURÉLE | 洛克 LOCKE | 馬克思 MARX |
| 塞克斯都·恩披里克 SEXTUS EMPIRICUS | 馬勒布朗士 MALEBRANCHE | 尼采 NIETZSCHE |
| 普羅丁 PLOTIN | 萊布尼茲 LEIBNIZ | 佛洛伊德 FREUD |
| 奧古斯丁 AUGUSTIN | 維柯 VICO | 涂爾幹 DURKHEIM |
| 阿威羅伊 AVERROÈS | 柏克萊 BERKELEY | 胡塞爾 HUSSERL |
| 安賽爾莫 ANSELME | 孔迪亞克 CONDILLAC | 柏格森 BERGSON |
| 阿奎那 THOMAS D'AQUIN | 孟德斯鳩 MONTESQUIEU | 阿蘭 ALAIN |
| 奧坎 OCKHAM | 休謨 HUME | 羅素 RUSSELL |
| | 盧梭 ROUSSEAU | 巴舍拉 BACHELARD |
| | 狄德羅 DIDEROT | 海德格 HEIDEGGER |
| | 康德 KANT | 維根斯坦 WITTGENSTEIN |
| | | 波普 POPPER |
| | | 沙特 SARTRE |
| | | 鄂蘭 ARENDT |
| | | 梅洛－龐蒂 MERLEAU-PONTY |
| | | 列維納斯 LÉVINAS |
| | | 傅柯 FOUCAULT |

**關鍵字區分（Repères）：從上面大觀念而來，更準確的觀念群組（根據ABC為序）**

絕對（absolu）/相對（relatif）；抽象（abstrait）/具體（concret）；實現（en acte）/潛能（en puissance）；分析（analyse）/綜合（synthèse）；原因（cause）/目的（fin）；偶然或偶發（contingent）/必然（nécessaire）/可能（possible）；相信（croire）/知道（savoir）；本質（essentiel）/偶然或偶有（accidentel）；解釋（expliquer）/理解（comprendre）；事實（en fait）/法理（en droit）；形式（formel）/物質（matériel）；類（genre）/種（espèce）/個體（individu）；理想（idéal）/現實（réel）；同一或相同（identité）/平等或等同（égalité）/差異或不同（différence）；直覺（intuitif）/論理（discursif）；合法（légal）/正當（légitime）；間接（médiat）/直接（immédiat）；客觀（objectif）/主觀（subjectif）；義務（obligation）/限制（contrainte）；起源（origine）/基礎（fondement）；說服（persuader）/信服（convaincre）；相似（ressemblance）/類比（analogie）；原則（principe）/結果（conséquence）；理論（en théorie）/實踐（en pratique）；超越（transcendant）/內在（immanent）；普遍（universel），一般（général）/特殊或特定（particulier），個別（singulier）

【推薦序】

# 何謂真實？何謂真理？
## ——尋找一切問題背後的問題意識

文｜邱建碩（輔仁大學哲學系副教授兼系主任）

這本書是《法國高中生哲學讀本》系列的最後一冊，先不論其內容為何，這個系列本身，就會令人產生以下的好奇心。首先，這是法國針對他們的高中生所設計的哲學讀本，它適合台灣的教育嗎？其次，這個系列是為高中生所寫的，對於不同年紀的讀者來說，閱讀這本書還能獲得益處嗎？最後，「哲學」是一門高深的學問，它與現實的距離看來是那麼地遙遠，有任何讓人讀這本書的必要理由嗎？

這些問題的回答並不容易，第一個問題涉及到法國與台灣對於教育構想的同與異的問題，法國與台灣這兩個在不同文化中發展出來的教育系統，是否適合使用同樣的教科書呢？至於第二個問題所揭露的，不只是閱讀此書的年齡適切性問題，而是，在法國的教育系統中，將哲學教育視為高中生必須具備能力的項目之一，但這樣的觀念並不存在於台灣的教育體系中。更進一步來看，這其實是一個關於哲學教育是否是台灣教育必要環節的問題。第三個問題表達了一種對於現實問題的極度關切。現實問題是決定學習必要性的理由，除了這個理由外，還有什麼理由可以有如此的必要性呢？因此，面對這樣的思考，「哲學」或者必須說明它有現實性、或者要提出它能不同於現實卻又對現實有著重要性的理由。例如，某個作家是哲學家，他的作品深受大眾歡迎，他的成功讓他能夠過著幸福的生活。又如，人工智慧的時代已然來臨，許多工作都將由具人工智慧

的機器來執行，人類的價值再一次受到挑戰；而「哲學」這個關於意義的思考的學問，具有難以被機器、即使是具有人工智慧的機器取代的可能性，因此，「哲學」的學習是保證人的現實價值的必要元素。但「哲學」真的非得是這樣一種滿足現實性需求的東西嗎？這個問題的回答要求著我們，對所謂的「哲學」與「現實」及它們之間的關係要有更深入的理解。

## 一個尋找問題意識的範例

要回答這三個問題並不容易，這也不是在這篇序言中所要回答的，甚至也不是這本書所要回答的。若是如此，為什麼要提出這些問題？這難道只是一種令人感到困惑的方式嗎？這是否就是哲學的詭計，說著一些令人摸不著頭腦的話語，使人陷入思想的困境或迷宮中？並非如此，上述的說法其實是嘗試從引入法國高中生哲學讀本這個現象，揭露隱藏在其背後的幾個重要問題：一、從國外取經來改善自身教育的適切性何在？二、什麼樣的能力是台灣教育應當培養的？三、當社會瀰漫著以現實考量為標準的氛圍時，那些非現實性的事物將會遭受什麼樣的影響？它們對於社會的真正意義又是什麼？當教育部或各縣市教育局不斷地派人出國考察、當教育不停地要求各項能力指標的達成、當大學不斷地技職化時，這些問題的重要性就更加不言而喻了！這些問題之所以得

以揭露，其實只是簡單地來自於對「法國高中生哲學讀本」這幾個字的理解與分析，雖然其主題與內容與本書無關，但在方法上卻是部分地相同於本書所採用的方法，從語詞的理解與分析中找尋問題意識，然後對這些問題做進一步的理解與深化問題。不同於我所討論的，本書所使用的方法更加完整，並且加上了不同哲學家對於所提出問題的回答，這些回答或許無法立即幫助我們脫離疑惑，但卻能為我們建立一些參考標竿，也能使我們的思考不再空洞，這本書所提供的方法值得讀者細細品味。

## 理論解釋真實，經驗反映真實

回到本書的內容，第一章所關注的主題是「理性與真實」，這個問題涉及理性與真實之間關係的幾個不同層次：首先，理性與真實是兩個不同的東西，理性是認識主體、真實是被認識的對象；其次，理性也是真實的一部分，因此，理性既是認識主體也是被認識的對象；第三，理性不只是真實的一部分，它還能建構真實，或者說，真實可能是它的一部分，因此真實不只是被認識的對象，它其實是認識的主體本身。在這些關係層次下，理性與真實究竟是什麼，就有不同的可能回答。但根本上來看，理性總是扮演著那個要決定它與真實究竟有著什麼樣關係的角色，即便如此，就算理性可以決定它要承認什麼樣的真實，但真實卻不必一定為理性所決定。例如，從人與自然及人與社會的關係來比較，人或許可以用某種方式認識自然，但自然似乎仍能保有在人類認識之外的真實性，而社會卻是人類的產物，因此，人類所認識的社會就是人所建構的社會。

第二章的主題是「理論與經驗」，無論是理論或者經驗，都可視為是人類心靈的產物，理論是用以解釋真實的，而經驗是反映真實的。在這樣的理解下，經驗對於理論有著重要的意義，即理論解釋的真實性需要有經驗的支持。但理論的成立除了需要有經驗的支持

外，理論所包含的命題，皆要滿足經驗；而且還得要滿足其他條件，例如它得要滿足不能夠自我矛盾的邏輯要求；它所依賴的各項原則，也得能夠以直接的方式或間接的方式加以驗證，而這種驗證可以是一種非經驗的直覺驗證或演繹驗證。科學理論以精確的、嚴格的方式解釋真實，它雖是與真實相關的，但它不能夠僅僅以是否符合真實為標準，來決定它是否是科學的。因為，有些迷信也有著類似的面貌。因此，可否證性就成了是不是科學的一個考量標準。科學理論的對象是什麼呢？人是否是科學理論的對象？還是人類在某個意義上超出了科學理論所能到達的範圍，因為人具有超經驗的部分？或者經驗也有著非科學所能處理的部分？

## 詮釋能夠豐富真實

第三章談的是「詮釋」，在此涉及到兩個層面：第一、每一個詮釋者對於真實的詮釋可以不同於其他詮釋者對於同一個真實的詮釋，因此如果這個詮釋者的詮釋是同於真實，那麼其他詮釋者的詮釋就不是真實。但經常出現的狀況是，每一個詮釋者的詮釋都不比另一個詮釋者的詮釋更加真實，卻又堅稱各人詮釋的真實性，若此，真實就成了微不足道的事。第二、詮釋是對於詮釋對象意義的豐富，而非決定它的真實。那麼，在經過不同的詮釋，即使是相互矛盾的詮釋，這也只呈顯了某個真實在不同情境下可能顯現的矛盾性，而非真實是矛盾的。但這種矛盾並非是真實本身的矛盾，而是基於不同觀點下所展現的詮釋的相對性。詮釋並非都是真實，但至少能夠豐富真實的觀點，看起來是具有極大包容性的。不過，這意味著在詮釋之中，真實性的問題可能被忽略而成為微不足道。

「生命」是第四章的主題，生命是單純由物質所構成的？還是由物質與精神所共同構成的？生物與物質（無生命）之間，真的存在一

條界限嗎？這個古老的問題，到了現代有了新的面貌。一方面希望透過對於大腦及神經系統的掌握，希望能夠控制與重現精神的活動狀態，並藉以說明精神與物質之間的密不可分的關係，甚至，精神狀態就是物質彼此作用的一種反應方式而已。當然，在身體可以影響精神的觀念下，這永遠可能只是身體對精神刺激的反應而已，而非物質反應。另一方面，若心靈的本質是思考，那麼若能成功地將思考完全再現於物質而非生命，這也表示了心靈可能不同於物質，但它卻不必然得要不同於物質。這些問題的反省，似乎都暗示著人類與其他的生命之間的界限並不那麼明顯，甚至與他們有著極高的相似性。這使得原先僅屬於人類的權利，就不再必然專屬於人。而原先僅僅被應用在其他生物或物質的操作，似乎也逐漸在人類身上得到了合法性，例如透過基因的改造使人更加完美，如同改造水果一般。

## 真理是對真實的判斷

第五章談到了「真理」的問題，「真理」不同於真實，因為它涉及了判斷，它可以是對真實的判斷，也可以是對事實的判斷，甚至是對於虛假的判斷。就如同亞里斯多德所言，「當是的時候說是，不是的時候說不是，那就是真理。」如果真理是關於真實的判斷，那麼科學理論中的斷言是否就是真理？這一點看似無庸置疑，即使科學理論無法斷言所有真實，也就是說，它並不包含所有真理，但若它有任何符合真實的斷言，那麼它就包含了真理，無論是經驗的或非經驗的。除了科學這樣立基於經驗事實並以嚴格的方式建構的理論外，還有任何的方式來訴說真理嗎？例如，譬喻是否可以引領我們得到真理？即使缺乏嚴格的科學方法？又或者信仰中的啟示是否可以帶給我們真理，即使這些言語可能與事實相違背？

對一個喜歡以系統方式思考、又期待能夠兼顧不同觀點的讀者而言，閱讀本書必當充滿了挑戰與樂趣，特別是其中的主題與主題內的問題，不僅在古典哲學中有重要意義，也具有回應現代社會的價值。對於一切皆充滿好奇心與求知欲、並尋求以理性理解來關懷自身所在的你，這是一本不可多得的好書。

# 充滿詰問、反思、論證的高中生哲學課如何可能？

文｜林靜君（台北市南港高中英文教師、台灣高中哲學教育推廣學會副理事長）

2012年冬季與2013年的夏天，我帶著當時的導師班學生參加了由台灣高中哲學教育推廣學會（PHEDO）為高中生量身訂做的哲學講座。在經歷臺上教授們精彩的講演、提問，以及全場一百多名青少年同儕的踴躍參與之後，我發現我的學生變了。

他們變得開始敢於發言；他們知道了該如何將自己的意見以具有邏輯的語言表達出來，進而與他人交流論辯。他們開始渴望獲得與其相異的觀點，仔細地聆聽對方，並且盡力提出相異甚至相反的意見，目的是為了使彼此的思考更為周全。而最令我雀躍的是，我看見這群青少年長出了求知若渴的熱情，打開了知識的大門，他們帶著被引燃的好奇心，上路了便不願再回頭。

2014年秋天，我所任教的台北市立南港高中成立了以哲學課程為主要特色的國際人文實驗班。這群人文實驗班的學生分別在高一與高三接受《人文思想導論》與《人文思想導讀》，也就是哲學概論與哲學文本閱讀課程。高一的《人文思想導論》主要透過大量的討論，開啟哲學思辨的方法與素養；高三的《人文思想導讀》則是透過閱讀原典，帶領學生親身爬梳哲學家的思想內容。這兩門課程皆由多位大學哲學系所的教授親自授課，我則以助教的身分在課堂中協助課程進行，並在課後利用導師時間與英文任課時間，將哲學課程的內容作延伸與應用。

## 哲學讀本的應用

很幸運地，自2016年起，大家出版社開始出版《法國高中生哲學讀本》系列。我在2017年秋天至2018年夏天的該學年即採用第二冊《人能自主選擇而負擔道德責任嗎？——思考道德的哲學之路》作為讀本。從道德哲學開始著手，是因為多年的高中現場教學與觀察使我相信，在這個確立個人價值體系基本架構的青少年時期，價值取向的判斷依歸正是個體最迫切需要的思辨範疇。

一如本冊《人認識到的實在是否受限於自身？——探索真實的哲學之路》包含了〈理性與真實〉、〈理論與經驗／論證〉、〈詮釋〉、〈生命／物質與心靈〉、〈真理〉各章，第二冊《思考道德的哲學之路》也在〈道德哲學導論〉之外有〈自由〉、〈義務責任〉、〈幸福〉三章。礙於高三學生為因應升學考試而實際僅有的教學週數，我規劃三週完成一個章節，內容較為龐大的〈道德哲學導論〉則用了六週的時間。

由於《法國高中生哲學讀本》每一冊的每一章即為一個主題概念，並有「一般看法與思考之後」、「從定義尋找問題意識」、「問題思考」、「哲人看法」、「進階問題思考」、「長文閱讀」、「延伸思考」、「哲學練習」，以及「綜合整理」等單元。港中的哲學導讀課程設計就依照讀本的編排進行，嘗試觀察這套法國教材對台灣學生的可用性。

## 挑戰思考的邊界

針對《法國高中生哲學讀本》每一冊每一章的主題概念，我們從「一般看法」與「思考之後」來反思未經審視的慣性直覺。接著探討主題概念的定義，例如：「道德是對於行為與價值觀的一整套規範，並描繪出何謂善與惡。這種描繪沒有明確的起源，但道德有助於個人評判自己與他人的行動。」由於學生已經在高一的哲學課養成了從定義尋找問題意識的習慣，他們很快便能從以上的定義中找出「行為」、「價值觀」、「規範」、「何謂善」、「何謂惡」、「自己與他人」等等關鍵字，進行定義的澄清與確認。

接著我們會持續挑戰學生的思考邊界。如果學生的定義是：「道德是由人的良知所提煉出來」，我們會問：「『良知』是與生俱來的？還是大腦判斷出來的？『良知』是人類獨有的嗎？或是演進而來的呢？」，並再追問：「如果道德是一種規範，它可能成為束縛嗎？也就是說，我們是不是被迫服從道德規範呢？」

學生們可能會給出以下幾個答案：「不是束縛，道德是讓雙方彼此尊重。」、「可能是一種束縛，因為它抑制了內心的本能衝動。」至此，教師才導入哲人的看法，德國哲學家康德便認為：「道德是一種抑欲的能力。」接著請學生打開讀本，閱讀康德對於道德的論述，進一步闡述其思想的脈絡。然後閱讀尼采《道德系譜學》的節選段落，因為，呼應學生所言「會認為道德是一種束縛、抑制了本能衝動，是由於個體認為道德是他人的」，尼采也認為道德是相對的。

在港中進行哲學課程的這些年，我們的心得是：與其從哲學史下手，讓學生流於記憶與背誦，不如以詰問的方式引導思辨，再從學生的回應之中適時導入哲人的思想與理論。如此一來，哲學不會是枯燥乏味、束之高閣的遠方思想，而是生猛活躍、攸關自身的一門經世之學。

## 小組報告與辯論

讀本中的「問題思考」單元提供了在概念定義之後的探究方向。以〈道德哲學導論〉為例：「道德是建立在習俗之上嗎？」、「道德規範能容許例外嗎？」。在港中的哲學課中，我們盡量完整地與學生充分思辨這些基本問題，輔以書中所提供的哲人看法，並保留適量的時間進行「進階問題思考」單元。以〈道德哲學導論〉為例，「進階問題思考」單元的探討主題是：「國家是否應該對公民施行道德教化？」

既然是課程的延伸活動，我盡量以多元形式來進行。針對題目特質，可讓學生依照異質或同質性分組，在小組討論之後向全班同學報告，其餘學生則必須接著提問或回饋。某些題目很適合將學生分成兩方，經過一週的準備後，在課堂上進行辯論。我們曾經在〈自由〉這個章節辯論：「人是否有選擇安樂死的自由？」辯論的熱烈交鋒從課堂中蔓延至下課時間，欲罷不能。至於某些申論式的題目，我會要求學生在可參考書籍資料的條件下寫成一篇文章，評分的標準為：是否恰當援引書中資料、哲人觀點佐證或者反證自己的論點，這是很好的練習與訓練。

## 如何引導學生發言？

規劃與任教哲學課程的這幾年，我常有機會向在職教師以及師資培育班的學生分享推廣哲學教育的經驗。我最常被問及的問題便是，如何引導學生發言？我想提供幾個簡易的方法，期盼能拋磚引玉。

在學生踏入哲學教室的第一天，我會首先傳達以下幾個訊息：一、哲學家的責任是「仔細地聆聽對方，並且盡力提出相異甚至相反的意見，為的是使彼此的思考更為周全」。二、如果你在課堂上保持沉默，你實質上是在進行剽竊──剽竊他人的思考。三、哲學思辨雖然沒有標準答案，但卻有好答案的標準。為了在

未來的課程中能夠逐步建立起這些標準，各位首先必須勇敢地表述你的想法，老師不會輕易評價你的發言或提問，因為所有的發言與提問都具有促進全班思考的價值。四、請審慎檢視你的思路，為自己的意見提供相應的理由，就算你的答案是「不知道」或「無法決定」，也必須有「不知道」或「難以決定」的理由。

為了鼓勵學生盡力提出相異甚至相反的意見，我會進行以下小型活動，效果十分顯著。請每個學生在心中選擇一個自認最能代表「自然」的顏色，接著在教室裡自由走動，遇見另一個同學時，必須主動走上前說出你所選擇的顏色，並且說明何以它最能代表「自然」。另一位同學在仔細地聆聽後，必須毫無條件地說：「我不同意，因為……」。由於這個練習的內容在實質上無關個人的價值選擇，因而學生能夠將專注力放在「傾聽」、「反對」與「論辯」之上。在活動期間，我會遊走觀察。令人欣喜地，每次進行這項活動時，學生們很快地便會在對話中針對「自然」作定義上的論辯。這十分有助於將哲學思辨的練習往「從定義尋找問題意識」推進。

## 尋找反對與贊同的理由

當學生能夠自在地開口反對之後，接著我們便練習「如何同意對方」。這一次，學生被要求在仔細地聆聽之後，無條件地說：「我同意你的看法，此外，我還認為……」。這個練習可以打破許多台灣學生在被指名發言時所常選擇的說法：「我跟他的想法一樣。」學生必須了解兩件事：第一，就算你們的觀點雷同，你絕對有可以補充的意見；第二，就算你們的觀點雷同，你們的論述用詞肯定有所出入，而那些即便是些微的出入，便是彼此在價值上的細部差異。

在之後的全班討論中，建議可先拋出一個問題，請學生表態贊同或反對。若人數懸殊，則先點名多數方的幾名學生表述意見，接著給予少數方學生充分的發言時間。由於少數方居於弱勢，在第二順位表達意見除可避免一開口發言便成攻擊標靶，還可讓學生擁有更多時間為自己的弱勢立場提供充分理由。若人數相當，則可讓雙方進行小組討論，再以口頭報告的形式摘要己方的論點。若小組人數過於龐大，可再拆成以三到四人為單位的小組，這是最能鼓勵每位成員踴躍發言的人數。

使用《法國高中生哲學讀本》一學年後，學生們給了如下的回饋：「確實幫助我的批判思考能力，回答問題也較具體完整，較有邏輯」、「最後的問答可再次讓人反思，是一本會讓人花時間與腦力去閱讀的書」、「豐富的內容加上有趣的知識，有些部分即使沒有老師也能輕鬆走進哲學的世界，引發深思」、「剛開始使用這本書其實蠻吃力的。幾頁的內容，就要花上比看普通書籍還要多的時間，不光是語法的描述要看很久，還有在邏輯上的分析。建議課前預習，以小組討論為單位，應該會比獨自埋頭苦讀要好！」

《法國高中生哲學讀本》是教學用書，相較於自修，可能更適合在團體中使用。而書中細緻的章節安排與豐富的內容與輔助資源，相當友善地縮短了教師們的備課時間，教師們可以選擇適當的章節與單元，並將授課重點放在引導討論，相信一定能夠與學生一同領略思考的樂趣。

在使用本書教授哲學的期間，我要感謝PHEDO理事長吳豐維教授在課程規劃上的跨刀相助，以及PHEDO教師群以豐富的學養與知識灌溉港中學子，並且感謝南港高中行政處室的鼎力支援。最後，謝謝我的小老師董懿文慎重且盡責地完成我一整年的託付。

# Q：真實對理性而言是個謎嗎？

勞爾‧杜菲（Raoul Dufy），《電子仙子》（*La Fée Électricité*），1952-1953年，水粉畫，纖維板（99×125公分），收藏於巴黎法國國立現代藝術博物館。

理性讓真實得到理解，並且是依其目的來塑造真實。理性因此照亮了世界，給世界倒影與光亮。

# 1 理性與真實

理性與真實的關係

**Q1. 理性如何能認識真實[1]？**
**Q2. 理性是否會重構真實？**
**Q3. 理性是否足以掌握真實的全貌？**

▶ 見第三冊〈存在與時間〉、
　本冊〈理論與經驗／論證〉

| | 審定注：「réalité」一詞在中文有許多翻譯，可以指事物本身或是理性判斷上的「真實」，也可以指涉我們外在世界的「現實」、「實在」、「實際」情況，我們根據上下文來翻譯「réalité」一詞。

| 菲力普‧哈梅特（Philippe Ramette），《非理性的凝思》（Contemplation irrationnelle），2003年，彩色照片（150×120公分），攝影：馬克‧多馬芝（Marc Domage）。

## 一般看法

### 並不是由理性來決定真實與否

人類從出生起，便具有理性，能透過理性來說明什麼是真實。但理性要服從於本身特有的規則，例如：要認識邏輯的諸般規則，而這些規則並不立基於經驗。真實是獨立於理性之外而存在的。例如：動物並不具有理性，卻和我們活在同一個世界裡。真實持續存在，且不因對真實進行思考的理性思考者而改變。例如：拉瓦節（Lavoisier）能完美解釋氧氣在燃燒與呼吸當中扮演的角色，但他的解釋毫不影響氧氣所扮演的角色。

## 思考之後

### 我們並不承認不符合我們理性的真實

在上圖中，地表與空間的分布並不符合幾何學與物理學法則。一旦我們運用理性來看這幅畫，就會推論出它所呈現的並非真實。然而，正是對真實加以反思，理性才能發現這些法則。對我們而言，真實[不會與我們無關]只有在我們的理性認可它在腦中的存在時，才會出現。例如：對古希臘人而言，太陽是個神；對當代的太空科學家而言，太陽是一團巨大的氣體。理性是在區隔真實與不真實的事物時形成。

# 我們相信：
# 是我們的理性讓我們能解釋真實，但我們是否知道什麼是真實？我們的理性又有什麼功能？

## 從定義尋找問題意識

### 定義

> 理性是心靈（**esprit**）[1] 的能力，能用於區分真與假、善與惡。

**心靈的能力**

　　理性是每個心靈都具有的工具，但不應混淆理性和心靈。心靈還有其他能力，像是記憶或想像。例如：進行推理，並不等同於複誦我們的記憶。

**區分真與假、善與惡**

　　在認識的範疇裡，理性的作用在於確認符合現實（真實）的概念，並正確地將概念和現實（真實）聯繫起來。例如：理性的個體能夠進行推論而不出錯。在這個意義上，「理性」（raison）一詞有時會以「理解力」（或知性）（entendement）或「智力」（intellect）取代。在行動的範疇裡，理性用來區辨這個選擇是否遵守道德規範。例如：理性的個體會盡他應盡的義務。

### 定義

> 真實指的是存在的事物，相對於僅限於我們想像中的事物。

**存在的事物**

　　真實，是我們可以肯定「它是／它存在」的事物，以及事實的整體。例如：信徒相信上帝存在，視上帝為真實的一部分；無神論者不相信上帝存在，認為上帝不是真實的一部分。

**相對於僅限於我們想像中的事物**

　　法文中，「真實」（le réel）這個名詞化形容詞比「現實」（la réalite，或實在）這個表述更強烈，裡面牽涉到真實與非真實（non-réel）的反差。例如：某部小說的主角並不是真實人物，是虛構的。

## 定義提出什麼問題？

　　這個定義指出，理性讓我們能區分真與假，而真實是存在之事物。但這個定義並未精確說明理性如何解釋真實。▶ Q1：理性如何能認識真實？

　　這個定義預設了理性是種心靈能力，能夠認識存在於心靈之外的事物。然而理性所能觸及的真實，或許只不過是理性所形塑的想像。▶ Q2：理性是否會重構真實？

# 問題思考

―――+―――

COURS

## Q1：理性如何能認識真實？

**人類擁有理性，因此會嘗試去說明真實是什麼。但這該如何達成？**

### 1. 運用理性需要方法

　　人類擁有理性，但無法直接運用理性。在得以區分騙人的外觀（apparence）與心靈中確實的認知（représentation）[1] 之前，人類得學習如何正確地使用自己的理性。然而，為了要能夠有系統地使用理性，人類彷彿就應該已經以正確的方式使用理性了。事實上，透過理性學習，會經由試錯，讓自身得到認識與修正。例如：當我們的觀念自相矛盾，我們的理性會要求我們更正。

　　根據艾比克泰德的看法（▶見文本閱讀1-1，7頁），藉由練習區辨符合真實的心中認知與不符合真實的心中認知，理性便得以形成。運用理性，就是努力嘗試，反思我們得到的結果，並做出相應的修正。例如：學生若不明白為何自己推論有錯，就無法進步。理性能讓理性自身接受批判性的檢視，這甚至是運用理性的條件。

### 2. 理性讓支配真實的各種法則變得更清楚

　　記憶與想像能恢復許多事實發生的順序，但只有理性能夠發現這些事實是如何產生的。理性並不滿足於羅列事實，它還想弄清楚支配因果連結的法則。「因」與「果」表明事實之間有某種必然的聯繫，某些事實是由另一些事實所決定。例如：山陵的高低起伏是地質侵蝕的結果。「法則」的概念說明了連結之必然觀念。例如：醫師將病徵解釋為感染的結果，感染是病徵的原因。

　　根據萊布尼茲（▶見文本閱讀1-2，8頁），動物所擁有的只是記憶與想像，而人類則具有理性。但某些人卻只會運用記憶與想像。例如：迷信者會相信不幸之所以降臨到他身上，是因為他行經梯子下方[2]，這是把單純事實間的接續發生（可由記憶重建）視為某種必然法則（得靠理性來發現）。弄清支配真實的各種法則，人類可以預測甚至觸發各種事件。例如：認識了物理法則，我們便能預測物體拋射的軌跡。

### 3. 理性應該對所確信的加以懷疑

　　在人類為了認識真實所付出的努力中，經常會形成各種表象（représentations），這些表象並不再現（représenter）真實，而是處於人類和真實之間。只要人類還是這些表象的囚徒，就無法在認識真實上更進一步。人類甚至不會尋求進步，因為他會確信自己對真實掌握了足夠的認識。根據巴舍拉（▶見文本閱讀1-3，9頁），為了認識真實，理性應該摧毀會掩蓋真實的錯誤認識。例如：為了理解地球自轉並繞太

---

### 關鍵字區分

偶然的（contingent）／必然的（nécessaire）／可能的（possible）

偶然的是可以不如此存在的，必然的是無法不如此存在的。可能的是不含矛盾（邏輯可能性）或是符合自然法則（物理可能性）的。

---

1 ｜審定注：法文「apparence」是指外在事物顯現出來的樣子，附屬於事物，相對於事物自身的本質，可以譯為外表、外觀、表象；法文「représentation」則譯為表象、再現，指的是外在事物再現於心靈的整體，涉及的範圍從像到概念，是整個概念化的過程，也是認知的過程，後文有些「représentation」因此也會譯為「認知」。我們可以看到中文的「表象」一詞，同時可以指涉屬於「事物的顯現」，也可以指涉「心靈的顯現」，在這裡，我們粗分「apparence」為事物所顯示的模樣，以及「représentation」為事物顯示於心靈的模樣，儘管這種區分的模糊地帶在不同學派還可以進一步辯論。

2 ｜審定注：這是源起於中世紀的迷信，據傳梯子是用來支撐釘耶穌的十字架，因此也被用來象徵大的背叛。

陽公轉，科學家應該取消太陽繞地球轉之理論的有效性。為了清除這些錯誤的、有時是由想像所創造的表象，理性應該要檢驗這些概念，讓概念可以與真實對照。例如：小孩證實自己的床底下沒有怪物，好排除讓他無法入睡的念頭。按照波普的看法（▶見文本閱讀1-4，10頁），真正的科學家會用理論來檢視並解釋經驗，並避免讓自己堅信任何理論。

## Q2：理性是否會重構真實？

**理性聲稱它為人類帶來對真實的認識。但人要如何確定我們所認為的真實，不是理性所編造的某個形象？**

### 1. 理性會重構真實，使真實可為人們所理解

　　真實向人類顯現時，並不會與人的理性衝突。世界容納的是相對穩定的客體，受到特定秩序的支配，彼此透過一定的關係相互連結。這些變化會依循規律而發生，這讓科學得以描述出一些律則。世界是可理解的：理性能以其概念和判斷加以解釋。例如：研究植物細胞組織的生物學家，能對細胞作出解釋。

　　外在世界與理性之間的對應令人驚奇。世界的可理解性（intelligibilité）有時會被援引為上帝存在的證據：一個理性的世界只可能受造於一個神聖的、擁有理性的工匠。

　　我們也可以假設，人類以為的「真實」只不過是理性所進行的某種重構。根據笛卡兒的看法（▶見文本閱讀2-1，11頁），一項物體無論經歷了什麼改變卻還是同一個物體，能認識到這一點並不是靠感官或想像力，而是理解力。理性或許不自覺地重構了世界，使其能夠被理解。根據龐卡赫的看法（▶見文本閱讀2-2，12頁），科學的認識無法只建立在經驗的基礎之上，除非將經驗中所觀察到的事實加以組織。

### 2. 理性會自發地服從事實的權威

　　理性對真實的再現看來不是任意的（arbitraire）。科學理論並非完全由理性所構成，還得依靠事前的觀察，並求助於對觀察的檢驗。根據理性的要求，這些理論應該有經驗的對照。例如：迷信是不理性的，其信念並未與現實對照。

　　然而，根據貝爾納的看法（▶見文本閱讀2-3，13頁），原初事實（le fait brut）不能用來檢驗理論，除非理性承認這個事實的確是真的。事實上，理性應該證實「看似事實者，並不建立在對現實的錯誤詮釋上」。既然理性必須檢驗理論，理性便要能夠設想自身限制，承認理性也可能犯錯。然而對理論的檢驗還是建立在理性之上，人們可以假設理性重新建構了真實，而非證明了真實。

**定義**

任意的：一樣事物，若不是建立在某種既定的原則之上，而是看似依隨意的決定而存在，就是任意的。

### 3. 理性也會構成自己的形象

　　用來區分符合與不符合理性之事物的是理性。當人們相信自己區別了理性與非理性，人們或許只是重塑了自己所預想的理念。例如：在1969年7月太空人阿姆斯壯的太空之旅之前，登月計畫看來都是非理性的。

　　根據尼采的看法（▶見文本閱讀2-4，13頁），我們在心靈上會去判別一個觀念是否符合邏輯，並不是因為它比相反的觀念更正確，而是因為它對我們所身處的世界更有用。理性對自身所形成的表象與對真實的重構是緊密關聯的。例如：「白天和黑夜可以同時存在。」這句話看來並不理性，因為我們沒有清楚說明這是指「在地球上的兩個不同地方」。根據理性而來的形象對我們而言會更為正確，是因為這個形象符合理性對我們反覆灌輸的真實表象。

# Q1：理性如何能認識真實？

下述文本指出，理性能讓人類認識真實到什麼程度。如果能正確運用理性，就能超越對現實錯誤的認知。

*理性本身就是自己的判準*

**文本閱讀 1-1**

艾比克泰德

艾比克泰德 Épictète
55-125

艾比克泰德看到人類忽略他們最重要的能力，即理性，因而感到不安。

對一切的技藝、一切的能力而言，對他們而言都有某些最首要的認識對象。而既然此一技藝或是能力與這些對象屬於同一類事物，它必然有凝視自身的能力；否則，它就不算擁有這個能力。[…]我們從自然接受了理性，目的是什麼呢？是為了以正確的方式使用我們的認知（représentation）。而理性本身是什麼呢？是以某些既定的認知所構成的整體；因此理性本來就能夠認識自身。那審慎（la prudence）呢？在我們身上的審慎是為了認識那些對象呢？各種善、各種惡，以及非善亦非惡的事物。那審慎本身又是什麼呢？是某種善。那輕率（imprudence）是什麼呢？是某種惡。因此你可以明白，輕率必然認識自身及其對立面。同樣的，哲學家最重要而首要的功能，就是檢視各種認知，對之加以區分，若不經過檢驗便不予接受。例如錢幣，它對我們而言似乎多少有點重要：那請看看人們是如何發明一種技藝，以及驗證者運用了多少方法，好加以檢驗錢幣的真假：用看的、用摸的、用聞的、最後是用聽的；人會輕敲錢幣，專注地聽它的聲音：他不會只試一次就滿足了，而這多次重複的專注，讓他獲得敏於音韻的耳朵。因此，當我們認定不被騙是重要的時候，我們會付出極大的注意力，去辨別會欺騙我們的事物；然而，一旦要用上我們的理性，我們便打呵欠、打瞌睡，任意接受任何想像。這是因為我們沒意識到我們的損失。

艾比克泰德，《對話錄》，〈卷一〉，20，E. Bréhier 譯本，「七星」叢書，Les Belles Lettres，855-856頁。

| 弗朗西斯科・哥雅（Francisco de Goya），《理性沉睡生惡魔》（*Le sommeil de la raison engender des monstres*），1810年，彩色版畫，法國國家圖書館。

關鍵字區分

———

原因（cause）／結果（fin）

原因是某事物的產生者或啟動者。結果是某事物生成的走向、被製造出的目的。

理解命題的論據——文本閱讀 1-1

**命題：**人類應該學會運用理性，而非忽略它。

**論據一：**理性既然與其對象屬於同類，它就能認識自身。
▶ Q：是什麼讓我們相信理性與其對象屬於同類事物？

**論據二：**若要避免被引入錯誤，最要緊的便是專注於善用理性。▶ Q：艾比克泰德以什麼例子來說明這點？

**確實理解了嗎？**人的什麼能力，能讓人意識到忽略理性的風險？

---

**文本閱讀 1-2**

萊布尼茲

哥特弗里德‧威廉‧萊布尼茲
Gottfried Wilhelm Leibniz
1646-1716

*人類會推理，而動物只能想像*

動物能回想過去許多事件的次序，並想像即將到來事件的次序。人類則能發現決定事件的理由。

禽獸純粹憑經驗[1]，只靠例子來指導自己，因為，就人所能判斷的來說，禽獸永遠無法提出必然的命題，而人類則能擁有論證的科學知識。正因如此，禽獸所擁有的聯想[2]功能，低於人類所具有的理性。禽獸的聯想就和單純的經驗主義者的聯想一樣，他們以為先前偶然發生的事，以後在他們覺得相同的場合也會發生，卻不能判斷同樣的理由是否依然存在。[…]禽獸的聯想只是某種推理的影子，也就是說，那只是想像的連結，只是從一個影像過渡到另一個影像。因為在和先前看起來相似的境遇中，他們會重新期待覺得與之前有所連繫的事物，彷彿事物本身就是以這個方式相連，因為事物在記憶中的影像是這樣發生的。同樣真實的是，理性也告訴我們，凡是與過去長期經驗相符合的事，通常可以期望在未來發生。但這並不因此就是必然而無誤的真理，當支持它的那些理由改變之時，也會因我們一點都不期待而停止。因為這個緣故，那些最明智的人就不那樣信賴經驗，而是去努力探求[3]這事實的某種理由（只要可能），以便判斷在什麼時候應該指出例外。因為只有理性才能建立可靠的規律，並指出它的例外，以補[4]並非如此可靠之規律的不足，最後更在必然後果的力量中找出確定的連繫，就能對事件的發生有所預見，而無需像禽獸一樣，化約為影像的感性連繫。

萊布尼茲，《人類理智新論》，「GF」叢書，Flammarion，1990年，39頁。

1 | Empirique，經驗的知識以感官經驗的材料為基礎。「經驗的」一詞適用於所有以記憶中的資訊來預測事件的人。

2 | Consécution：不以理性的方式相連的觀念或是影像之序列。

3 | Pénétrer：指在理智上掌握某事物。

4 | Suppléer à：提供必要的精確性。當人們能準確說明在什麼情況下會有例外，規則就變得精確。

Q1：動物的聯想為何不及人類的理性思考？
Q2：動物會預期什麼？這預期是不是完全非理性的？

Q3：為何動物不會預料到例外？是什麼讓人類能夠為例外做準備？
Q4：是什麼讓人類能夠預見他未曾體驗的事件？

*在試圖認識真實的過程中，精神與其過去迎面相逢*

**文本閱讀 1-3**

巴舍拉

加斯東・巴舍拉 Gaston Bachelard
1884-1962

根據巴舍拉的看法，認為自己能夠以虛假的知識為基礎，認識到真實的心靈，就是「認識論上的障礙」。

對真實的認識一直是從黑暗中某處射出的一道光芒。它永遠不是立即和完滿的。真實的顯現總是反覆循環的過程[1]。真實從來不是「人們可能相信的東西」，而始終是人們應該要去思考的東西。理性的機器一旦對焦後，經驗的思想在事後才變得清晰。回首過去的謬誤，人們在理智真正的修正中發現真理。事實上，人們藉由摧毀錯誤的認識，克服心靈本身那些對真實認識[2]的困難，才能在先前的認知之上進行認識。

從零出發去建立、增加 [知識] 財富的想法，只會發生在將事物簡單羅列在一起的文化中，在這些文化中，已知的事實直接變成 [知識] 財富。但是面對真實的神秘，靈魂無法靠一道命令就讓自己變得無知[3]，因而無法一下子剷除日常慣用的知識。面對真實時，人們自以為清楚知道的東西蓋過了[4]人們理應知道的東西。與科學文化接觸的時候，心靈從來就不是年輕的。它甚至很年邁，因為它有著偏見的年齡。進入科學，就是在精神上年輕起來，就是接受一種否定過去的突如其來的變動。

巴舍拉，《科學精神的形成》，〈第一章〉，13-14頁。

**關鍵字區分**

相信（croire）／知道（savoir）

相信意指為了一些非理性的理由而執著於某個理念，卻不要求證據。知道意指按照理性的要求，在證據的基礎上接受某個論點。

1 | Récurrentes：從後而來、進行某種先前已進行過之運動者。
2 | Spiritualisation：精神透過知識來掌握，將真實消化為己用的過程。
3 | Ingénue：指無知或是缺乏經驗的人
4 | Offusque：在此指掩飾，遮蓋。

---

**理解命題的論據 ── 文本閱讀 1-3**
**命題：** 認識真實並非在空無一物的心靈注入認知，而是毀去先前的認知。
**論據一：** 要達到對真實的認識，即是修正錯誤的認知。
▶ Q：對真實之認識所修正的認知從何而來？
**論據二：** 心靈在試圖認識真實時，並不是空洞的。▶ Q：為何我們不能讓心靈一次就擺脫所有錯誤的認識？
**確實理解了嗎？** 請根據這個文本，解釋為何心靈得變得比先前更無知，才能對真實更加認識。

**文本閱讀 1-4**

波普

卡爾·波普 Karl Popper
1902-1994

*對真實的認識永遠都不是習得的*

根據波普的看法，科學之所以提出理論，只是為了以理論與經驗對質，永遠不會把理論視為確實的知識。

即使透過經驗對觀念進行謹慎而冷靜的試驗，也難免受到觀念的啟發，因為，實驗是有計畫的行動，每個步驟都受理論所指引。我們不要困在經驗裡面，也不要讓經驗流瀉而過。相反地，我們應該採取主動：我們必須「創造」經驗。對自然提出問題的永遠都是我們；是我們不斷嘗試提出問題，以得到清清楚楚的「是」或「否」的答案（因為若不是有人加以追問，自然本身是不會提供答案的）。最後，提出答案的也是我們；是我們在經過嚴格的檢視之後（也就是長期認真試著從中得到明確的「否定」），決定要以什麼答案來回答我們對自然所提出的問題 [⋯]。

將知識[1]視為絕對確定與可證明的古老科學理想，如今已被證明是妄想[2]。不可避免地，在科學客觀性的要求下，所有科學命題注定都只是暫定的。實際上，一項科學命題或許可被證實[3]，但是相對於其他命題，每一項證實也都是暫定的。唯有我們主觀經驗下的確信、唯有我們主觀的信念，才有辦法達到「絕對確定」。

有了對確定性（包含不同程度的不完美確定性或機率）的妄想，蒙昧主義設下了阻礙科學進展的一道防線。因為，對於確定性妄想的膜拜，不僅阻礙了我們的大膽探問，也妨礙了我們實驗的嚴格性與完整性。這個錯誤的科學觀，因為太想證明自己是對的，反而背叛了自身；因為造就科學家的，不是對知識或不可辯駁真理的擁有，而是對真理的堅定與大膽的批判探問。

波普，《科學發現的邏輯》，根據英文本校譯（1957），280-281頁。

**關鍵字區分**

客觀的（objectif）／
主觀的（subjectif）

所謂客觀的，意指對客體（objet）的解釋，不受主體（sujet）的存在所改變。所謂主觀的，意指關乎主體、與主體有關的事物。

1 | L'épistémê：古希臘文的「科學」。
2 | Idole：人們所崇敬的形象。
3 | Corroboré：肯定或是強化。

Q1：主動面對經驗是什麼意思？
Q2：為何某種絕對肯定且可論證知識的理想不會是種偶像？
Q3：在多大的程度上對此一偶像的崇拜會成為認識真實的障礙？

# Q2：理性是否會重構真實？

下述文本描繪了我們的理性，或是我們的理解，如何重構了部分的
**真實**。

一塊蜂蠟

文本閱讀 **2-1**

笛卡兒

荷內・笛卡兒
René Descartes
1596-1650

笛卡兒自問：是什麼感官能力讓我們能認識到，當一塊蜂蠟的
特性改變時，它還會是同一塊蜂蠟？

以一塊剛從蜂巢上摘下來的蜂蠟為例：它沒失去所保有蜂蜜的
香甜，它還留著花朵被採集時的香氣；它的顏色、它的形狀、它的大
小、是顯而易見的；它是硬的，它是冰冷的，我們可以觸摸得到，而
如果你拍打它，它會傳出回聲。最後，一切能讓我們清楚認識一塊物
體的事物，在這塊蜂蠟中都能看到。

但就在我說話的時候，我們將蜂蠟拿到火邊：它的味道散發出
來，它的香氣消失了，它的顏色改變了，它的形狀開始消融，它的體
積增加了，它變成液態，它的溫度上升，我們幾乎無法觸摸它，而當
我們拍擊的時候，它不再發出任何回聲。在經過這些改變後，它還是
同一塊蜂蠟嗎？我們必須承認它還是存在，沒有人能否認這點。那
麼，我們在這塊如此不同的蜂蠟中認識到的是什麼？當然，它可以完
全不是我透過感官在蜂蠟中所注意到的東西，因為一切屬於味覺、或
是嗅覺、或是視覺、或是觸覺[1]、或是聽覺的事物，都已經改變了，
然而同一塊蜂蠟卻還存在。這或許還是我現在所認為的，亦即這塊
蜂蠟，並非這蜂蜜的香甜、也非這花的芬芳、也非這片潔白、也非這
個形狀、也非這種聲響，而是先前在我眼前多少符合這些形式的一塊
物體而已，而現在則變成在其他形式下出現。但確切而言，當我以這
種方式設想的時候，我所想像的是什麼？讓我們專注地思考這點，遠
離一切完全不屬於這塊蜂蠟的事物，看看還剩下什麼。確實，持續
存在的，只有某種[在空間中]擴延（étendu）的[2]、有彈性且不固定的東
西。然而什麼是有彈性且不固定？難道不是我想像這塊蜂蠟，曾經是
圓形的，卻能夠變成方形的，再從方形變成某種三角形的樣子？肯定
不是，因為我將它設想成能夠無限地接受類似的轉變，然而我無法透
過想像窮盡這種無限性，因此，我對蜂蠟的這種設想無法透過想像力
的官能來完成。現在這種擴延（extension）又是什麼呢？難道不也是同樣
不為我們所認識，既然在這塊蜂蠟在融化時變大了，並且在徹底融化
時變得更大，並且在溫度近一步提高時變得更大？如果我不將它想成
能夠在擴延上接受更大的變化，超出我先前所能想像的，我可能就沒
有想清楚並按照真實來設想這塊蜂蠟。因此，我必須同意，我甚至無

**關鍵字區分**

同一性（identité）／
平等性（égalité）／
差異性（différence）

兩件同一的事物只是同一個事
物。讓兩樣事物或同一事物的兩
種狀態得以區分的是差異性。兩
樣平等的事物擁有同樣的量或是
價值。

[1] | L'attouchement：碰觸的感官或是相
對應的感受

[2] | Étendu：占有某些空間的物體。一
件客體的擴延是它所占據的空間。

法透過想像力來設想這塊蜂蠟是什麼，而只有我的理智在設想它。我特別說是這塊蜂蠟，因為 [ 相 ] 對一般的蜂蠟而言，這塊蜂蠟更為顯而易見。然而這塊只能透過理智或是心靈來設想的蜂蠟是什麼？肯定是我看到、我觸摸到、我所想像、以及我從一開始就設想的同一塊蜂蠟。然而必須注意的是，對它的知覺，或是我們覺察它的行動，完全不是一種觀看，也不是某種接觸，也不是某種想像，它也從不是種想像，儘管先前看來像是如此，而只是種心靈的考察 […]

笛卡兒，《形而上學的沉思》（二），Duc de Luynes 譯本，「GF」叢書，Flammarion，83-87 頁。

---

**文本閱讀 2-2**

龐卡赫

昂希・龐卡赫 Henri Poincaré
1854-1912

### 科學理性會組織事實將其條理化

根據龐卡赫的觀點，科學的基礎並非完全赤裸的經驗，亦即那些未經修正便被理性所接受的資料。

一個事實就是一個事實：一名學生意外地在溫度計上看到某個數值，無論如何，他就是看到了，而如果只有事實才重要的話，事實就是真實 […]。為何這名學生檢視溫度計的事實是無足輕重的，而一個老練的物理學家對溫度計的檢視卻十分重要？這是因為從學生的檢視，無法讓我們做出任何結論。因此，什麼是好的經驗呢？那就是能讓我們的認識超出孤立事實的經驗；是那些讓我們能夠預測，亦即能讓我們通則化（généraliser）的經驗。

因為，如果無法通則化，就無法做預測。我們進行操作的情境是無法同時重製出來的。我們所觀察到的事實永遠無法重來；我們唯一能夠肯定的事物，是在類似的情況底下，會產生類似的事實。為了預測，那就至少得用上類比（l'analogie），換句話說，這已經是在通則化了。我們如此難以決斷，因此我們必須在中間插入某些東西[1]。經驗能給我們的，只是一定數量的孤立點，必須以連續的線[2]連結這些點，這才是真正的通則化。但我們做得更多，我們在我們觀察到的點以及這些點的旁邊劃出曲線；它並不通過這些點本身。因此，我們並不滿足於將經驗通則化，我們還修正經驗，而想克制這種修正、真正滿足於赤裸經驗的物理學家，或許要被迫發表出一些超乎尋常的法則。赤裸的事實因此對我們而言並不足夠；這就是為什麼我們需要有具有條理的或是組織有序的科學。

龐卡赫，《科學與假設》，1902年。Flammarion出版，1968年，158-159頁。

**關鍵字區分**

類似（ressemblance）／
類比（analogie）

如果心靈傾向於將兩樣事物拉近相比，那它們就有某種類似。例如：弟弟和妹妹相似。類比則是兩個關係或是種類之間的相同，A/B=C/D。例如：哥哥和父母的關係和姊姊與父母的關係一樣。

**關鍵字區分**

普遍的（universel）／
一般的（général）／
特殊的（particulier）／
個別的（singulier）

沒有例外的就是普遍的，適用於同類事物中的所有個體就是一般的。用一類事物的其中一個與同類的一般狀況相比所得出的不同之處就是特殊的，獨立看待同類事物中的個體就是個別的。

1 | Interpoler，在區分我們所感知到的事實之間引入某些事物。

2 | 就算是長足的觀察，給我們的也只是有限數量的事實。一個理論應該被想像成能夠連結這些不同事實。理論與事實之間的關係，應該類似於理論所形成的曲線與點之間的關係。

Q1：為何學生的經驗與物理學家的經驗沒有相同的科學價值？
Q2：為何要預測就得通則化？
Q3：龐卡赫為什麼能說物理學家會修正經驗？

### 理性在服從事實之前應先接受其為事實

根據貝爾納的看法，理論應該服從於對事實的控制，而事實則應該由理性所核實。

實驗者應當懷疑他的感覺，也就是懷疑他先於經驗（a priori）的觀念，或是做為他的出發點的理論，所以絕對的信條是，要使他的觀念總是服從實驗的標準[1]，以從中檢驗觀念的價值。但是確切地說，什麼是實驗標準的基礎呢？這個問題似乎是多餘的，我們已經向大家反覆說了多次：只有事實才能評判觀念，而且讓我們得以產生經驗。我們認為，唯有事實才是真實的，必須將真實完全且唯獨連結到事實之上。我們也經常重複說，這是事實，嚴酷的事實；只有服從事實，沒有什麼可以推理的。或許，我是承認事實是唯一的現實，事實可以為實驗觀念提供公式，同時又拿來檢視觀念。不過這有個先決條件，就是必須以理智承認這些事實。我認為對於事實盲目的相信，試圖阻止理智說話，就實驗科學而言，這種態度與相信感情和信仰而不許理智說話，是一樣危險的。總之，實驗方法與任何其他領域一樣，唯一真實的標準是理智。

貝爾納，《實驗醫學研究導論》，Vrin 出版，88 頁。

[1] ｜ Criterium（或是 critère），是控制某一理念或理論之價值的標準。

Q1：請解釋貝爾納在本文開頭所重提的實驗方法之規則。
Q2：「嚴酷的事實」的表達方式指的是哪一種實驗標準的想法？
Q3：貝爾納反對這種實驗標準之想法的論據為何？
Q4：請解釋意圖讓理性噤聲的、對事實的盲信，和同樣強迫理性緘默的、出於情感或是信仰的相信，兩者之間的差異。

### 理性出於無理性

人類發現，邏輯的理念讓他們能在所身處的世界存活，儘管這些理念比相反的理念更不符合於真實。

邏輯的起源。——人類頭腦中的邏輯從哪裡而來？顯然是從非邏輯產生的，它所管轄的範圍在初始時必然極大。然而，曾經有無數多的生物，它們推論的方式和我們現在的不一樣，而它們都已走向滅亡，這是再真實不過的事！舉例而言，如果一個生物不知道在涉及生計時與面對敵對的動物時，要能經常辨別出「同類」；如果一個生物概括得太慢、歸納得太謹慎，那他得以續存的可能，就比那個能立即從相似者中得出相同特性的生物來得低。然而，把相似者視為相同來處理，這種強勢的傾向、這種非邏輯的傾向——因為本來就沒有任

關鍵字區分

基礎（fondement）／起源（origine）

基礎是確保某物存在的初始條件，起源則是某物之所從出。

| 艾 德 沃 德 · 麥 布 里 奇
（Eadweard Muybridge），
《移動中的動物》（*Animal Locomotion*），照片，1887年。
▶Q：一個人若能區分一隻鳥
在連續位置上的每個位置，他
是否能感受到鳥的移動？

**關鍵字區分**

基礎（fondement）／
起源（origine）

基礎是確保某物存在的初始條件，起源則是某物之所從出。

何相同者──，這種傾向首先創造了邏輯的一切基礎。[…]；相較於那些在流動變化中看待一切者，這些不仔細觀察的生物擁有優勢地位。在根本上，每一個推論上高度的謹慎、每一個懷疑的傾向，對於生活而言本來就是巨大的危險。如果沒有以下這種相反的傾向，沒有生物能夠存活：寧可肯定勝於放棄判斷，寧可錯誤、虛構勝於等待，寧可贊同勝於否定，寧可下判斷勝於成為公正的──這要非常嚴格的培植。

尼采，《快樂的科學》，第三書，111節，KSA 3，471-472頁，根據原文校譯。

**理解命題的論據──文本閱讀2-4**
**命題**：我們所謂的邏輯，對應於非邏輯的原則（將僅只是相似之物視為相同），但這個原則讓我們得以生存。
**論據一**：與我們推論不同的存有者無法存活。
**論據二**：和我們一樣，能辨認不同客體並加以分類的存有者更有利於存活。
**論據三**：合理的懷疑傾向會降低存活機會。

# Q3：理性是否足以掌握真實的全貌？

▶見第三冊〈存在與時間〉、本冊〈理論與經驗／論證〉

## 1. 理性無法解釋真實的整體

在真實當中，事物不斷變化，不同事物也各不相同。根據蒙田的看法（▶見文本閱讀3-1，15頁），理性在真實中並沒有參照點。

然而理性會接納某些事物，以作為推論的基礎，這些事物彷彿是自然而然的。它不單無法解釋一切，有時還會被當成某些命題的證據，儘管它並不是證據。根據胡塞爾的看法（▶見文本閱讀3-2，16頁），肯定世界上的存在、把這當成證據接受，甚至讓科學如此接受，這是可被質疑的。例如：對世界的感知可能是錯誤的表象。

## 2. 理性應該對其限度有所意識

理性會發現自身的限制。它理解：若是不接受理性自身有無法證明的真理，理性就無法運作。理性一般而言會要求心靈去證明其所接受的一切都是合理的，因此理性有時應該拒絕屈服於此一要求。例如：數學的公理（axiome）本身並未得到證明。根據維根斯坦的看法（▶見文本閱讀3-3，17頁），我就算沒證據也會相信我有兩隻手，而理性並不會禁止這一點。懷疑這點才是不理性的。

孩童走在法蘭克福施恩美術館大廳裡一件瑪麗娜·阿波隆尼歐的作品上，2007年。

### 理性在真實中找不到支撐點

**文本閱讀 3-1**

蒙田

米歇爾·德·蒙田
Michel de Montaigne
1533-1592

根據蒙田的說法，物會不斷流動，讓理性無法掌握。

最後，沒有什麼恆常不變的存在，沒有我們的存在，也沒有客體的存在。而我們，還有我們的判斷，以及一切必朽壞事物，都將不停流轉。因此從一個事物到另一個事物之間，無法建立什麼肯定的東西，判斷者與被判斷的事物，都會不斷變化與動搖。

我們與存在沒有任何溝通，因為人的所有天性都永遠處於出生與死亡之間，只會展現出[1]晦澀的顯現與暗影，以及某種不確定而愚蠢的意見。而如果，出於運氣，您堅持要掌握自己想法的存在，這並不會比您想抓住水的想法更多或更少：因為一個人越是將這本性會四處流溢的東西抓得更緊，他越會失去想要保留及把握住的東西。因此，既然一切事物都將轉變為另一件事物，理性在追求某種真實的存在，便會因此而落空，無法理解任何實在而恆久的事物，因為一切事物，不是正要存在卻還未存在，就是在誕生之前便已開始死去。

蒙田，《隨筆集》（卷二）第十二節，「Folio」文庫，Gallimard出版，348頁。

1 | Baillant：此處意指「揭示」或「展現」。

**文本閱讀 3-2**

胡塞爾

艾德蒙‧胡塞爾
Edmund Husserl
1859-1938

Q1：是什麼讓我們無法掌握自己的實在？
Q2：為何理性在試圖掌握真實的時候會落空？

## *世界的存在本身並非不證自明的*

胡塞爾表示有種世界之存在的證明，沒有人想到要去建立它。

世界的存在是不言而喻的，它是如此自然，以至於沒有人會想到要用命題明確地表述出來。我們難道沒有這種連續的經驗，在其中這個世界難道不是以無法置疑的方式不斷出現在我們眼前嗎？這種自明性（évidence）不管是本身先於那關乎世界的日常生活的一切自明性，還是這先於以世界為對象的一切科學的所有自明性，亦即以生活世界為其基礎及其恆常之支持的科學。

然而我們還是可以自問，就自明性本身這種先在的功能而言，它在何種範圍內能夠要求具有確然（apodictique）[1] 的特徵。並且，如果我們隨著這種疑惑追問下去，那麼顯然，這種自明性也不能要求它對最初與絕對的自明性具有優先權。

就這樣的疑惑而言，那種普遍的感性的自明性 ── 世界總是在這種自明性中不斷顯示給我們 ── 顯然並不能直截了當地當作一種確然的自明性而得到運用。因此，這種確然性會絕對排除懷疑世界存在的可能性，也就是 [絕對排除] 這個世界是非存在的可能性。不僅個別的經驗可能失去其價值並被貶為一種簡單的感性現象。甚至，經驗的整體，我們所能處理的統一體，只會被顯示為簡單的表象（apparence），並只是一個「連貫的夢境」。

胡塞爾，《笛卡兒式的沉思》，G. Peiffer 與 E Levinas 譯本，Vrin，1992 年，40-42 頁。

[1] 具有必然性的命題：我們無法加以質疑。

> **理解命題的論據 ── 文本閱讀 3-2**
> **命題**：對世界之存在的肯定被視為自明性，卻沒有不可質疑的基礎。
> **論據一**：我們認為世界的存在是不言自明的。▶ Q：是什麼促使我們將世界當作自明的？
> **論據二**：世界的存在可能只是種表象。▶ Q：是什麼讓我們能假設世界並非只是個「連貫的夢境」？

相信有時比懷疑更合理

**文本閱讀 3-3**

維根斯坦

路德維希·維根斯坦
Ludwig Wittgenstein
1889-1951

　　根據維根斯坦的看法，我們有兩隻手，此事的確定性不需要被建立：理性要求我們接受這項事實且不強迫我們提供證明。

247. 現在懷疑我是否有兩隻手又會是什麼樣子？為什麼我完全不能想像這件事？如果我不相信這件事，那麼我還可以相信什麼？到現在為止我還沒有，真的沒有，一個允許這種懷疑存在的體系。

248. 我已經到了我這些確定信念的深處。
　　　人們也許差不多可以說這些牆基是靠整個房子來支撐的。

249. 人們給自己提供一幅關於懷疑的錯誤圖景。

250. 在正常情況下，我有兩隻手與我能為證實這件事而提供的任何證據是同樣確實的。
　　　這就是為什麼我不能把看到我的手作為證實我有兩隻手的證據的理由。

251. 難道這不是意味著：我將無條件地按照這個信念行事，而不讓任何東西把我攪亂？

252. 但是不僅我以這種方式相信我有兩隻手，每個有理智的人都這樣做。

253. 在有充分理由根據的信念的基礎那裡，存在著沒有理由根據的信念。

254. 任何一個「有理智的人」都這樣行事。

維根斯坦，《論確實性》，J. Fauve 譯本，Gallimard 出版，74-75 頁。

Q1：為何我要試圖證明我有兩隻手會是荒謬的？
Q2：如果理性接受某種缺乏證據的信念，理性是否就否定了自身？

# 延伸思考

OUVERTURE

## 人文科學

## Q：虛構的事物是否擁有自身的合理性？

### 文本：日常生活中的某些虛構

尚－皮耶・克雷侯（Jean-Pierre Cléro）是盧昂大學教授，專長是英國哲學。根據他的虛構理論（théorie des fictions），他分析了「製造好像是」（faire comme si）的虛構方法。

但首先，當我們說虛構（fiction）的時候，我們在說的是什麼呢？[…]要衡量虛構這個概念的詞義多樣性，我們必須舉幾個例子。

領事館的治外法權表示，各國（至少在世界上大部分國家）首府會在自己的土地上為另一個國家保留一小塊不可侵犯的空間，這塊空間應被視為另一國的領土，以至於地主國不應對其採取警察或是軍事行動，至少在沒有領事國當局的同意時是不行的。

進一步，對於原本是未成年人造成了意外或是犯了輕罪，他的父母或是監護人，透過某種虛構，被認為要承擔某種責任；人們認為，儘管他們並未直接犯下錯誤，但一切看來卻好像是他們（至少是透過他們）對未成年人的態度，讓錯誤成為可能。

在政治哲學的層面上，我們也會說，是人們以所謂的「社會契約」的虛構，試圖合法化或是質疑對政府的服從，無論這是否合理。人們做得好像是國家的公民至少有一次一致同意，接受這個或那個主權者的統治，儘管這樣的承諾或是諾言可能從未真的發生，因此也永遠不會真的違反或是維持，儘管我們裝作有這樣的假設。此外，如果過去真的做過這樣的承諾，基於什麼我們能夠將它連結於今日？如果我們現在能夠為服從主權者找到集體利益或集體效益的基礎，一個更真實也更具體的基礎，這所謂之前的承諾難道不會立即顯得似是而非？但在此必須注意：我們所指的集體利益或是效益，若是比契約理論所預想的各類承諾還更真實，那它們就不再是虛構的了嗎？

在另一個完全不同的層面上，照休謨的方法，難道不應把物體的連續性視為一種虛構[1]，而能讓我們推導出這些物體，或從中推導出物體存在的諸多印象（impressions）本身卻是不連續的？事實上，我們在反對不連續性的明顯性時，大可以提出在我們的印象之外有一些穩

荷內・馬格利特（René Magritte），《空白授權》（Le Blanc-seing），1965年，油畫（81×65公分），華盛頓國家美術館。

[1]　「物體的連續性」意指某個物體並非由彼此區隔的部分所構成，而是由各部分相聯結的整體所構成。

定存在的事物，被當作是提供事物存在的真正基礎。然而，卻沒有任何觀點能夠確保某種印象與物體的雙重存在，或是沒有某種兩者之間相似的存在，能被當作印象與事物之間是彼此對應的：如果沒有人的某種大膽建構，沒有人在行為上已被遺忘的某種奇怪功能來建構這些事物，而這建構卻無法假裝是事物本身所能夠提供的，物體如何能不求助於印象而被提出，不連續的印象又如何能創造連續的物體？ 此外，很可能是這一切的操作，不同於像「社會契約」這類的操作，對於在穩定的世界上生活而言都是不可或缺的。對物體之連續性的肯定（以其自身的方式）是種虛構，這並非更不真實。

克雷侯，〈一種虛構理論的價值〉，《拉瓦爾神學與哲學期刊》，56期，3卷，2000年，441-442頁。

> **為何每個例子都是某種虛構？** 在什麼程度上，尼采（▶見文本閱讀2-4）、蒙田（▶見文本閱讀3-1）和胡塞爾（▶見文本閱讀3-2）的分析能提供哪些虛構的例子？

---

## 訪談

## 「相信絕對真實的存在」，這是科學的預設嗎？

馬克斯・普朗克（Max Planck, 1858-1947）參與了量子物理學的誕生。他揭示了物質的不連續特質，也改變了真實的形象。

問：我們所謂的「真實」的這種恆久託辭，究竟有何重要性？

答：首先，我們應該注意的是，世界的形象持續被另一個世界的形象所替代，這種替代完全不是由任何幻想或是人類的執念所決定，而是由某種無可抵抗的力量所決定的。每當科學研究發現新的自然事實，是一般所接受的世界圖像無法解釋時，這種改變便是不可避免的。[…] 在我們對世界的認知中，這種持續的改變絲毫不意味著彎曲的反常變動，而是一種進步，一種改進，一種完成。[…]

問：但這種進步的方向為何？又什麼是它的最高目標？

答：方向顯然是為我們的世界圖像持續提供改善，透過收集這個實在界的真實要素（éléments réels），即包含於這世界中更高的，但性質

| 楊・維梅爾（Johannes Vermeer），《天文學家》（L'Astronome），十七世紀，油畫，收藏於巴黎羅浮宮。

1 | 形上學意義上的真實，是我們對它毫無經驗的真實。

2 | 科學或是我們感官所向我們展現的世界。

上又較為不樸素的真實要素。另一方面，這個目標是要以真實要素來創造世界的某種形象，這些要素不再需要要求改善並因而再現了終極真實。我們永遠不會也不能真正達到這個目標。但為了至少能給它一個名字，此刻暫時，我們稱終極真實為「真實的世界」，以真實這個字的絕對的、形上學[1]的意義而言。我們應該理解為真實世界（用另一種方式說，就是客觀的自然）對事實的表達，就在一切可探索的事物背後。相對於此，透過我們的經驗所獲得對世界的科學認知——現象學式的世界[2]——永遠都是某種簡單的近似，只是或多或少被模糊看見的模型。同樣地，每種感官背後都有一種物質對象，同樣地，所有我們被當作真實的人類經驗背後也都有某種形而上的真實。[…]重要的是，感官的世界並非唯一能讓我們構想存在的世界，還有其他的世界。能肯定的是，這另一個世界並不是我們能直接觸及的，其存在卻被指明在各處，其明晰性無可否認，非但是在實際生活中，而且也是在科學結果中。因為逐漸變得完整而完美的科學世界形象的宏大奇觀，必然會推動研究者尋求其終極的形式。而正如我們應該假設所尋求的事物的存在，科學研究者相對於一個絕對意義上「真實世界」之實際存在的假設，最終將提升到某種堅定信念，而再也沒有什麼可以使之動搖。

普朗克，《科學自傳與最後的書寫》，A. George 譯本，Albin Michel 出版，1960年，142-147頁。

---

**對哲學問題報導的反思**
**為了處理下述主題：「科學是否能認識真實本身？」**
這個文本討論了科學掌握真實的能力。

a- 科學提供的只是對真實的不完備認知，對此我們應該假設真實是某種獨立的存在。

b- 因為假定有某種絕對真實的存在，科學便預備好要修正這種不完備的認知，以求接近真實。

練習1：掌握詞彙

1. 請找出「想像的」(imaginaire)、「虛構的」(fictif) 以及「不真實的」(irréel) 等詞彙的意義，以解釋這每個詞彙在什麼程度上可被視為與「真實的」相反。

2. 請找出「直覺」(instinct)、「瘋狂」(folie) 與「荒謬」(absurdité) 等詞彙的意義，以解釋為何這些詞彙有時會對立於「理性」。

練習2：以文本為基礎進行反思

　　一個人看到河流阻隔他的路而在旅途中停下腳步，那是因為他預見了他若向前進會有什麼後果；而他知道這個後果，是來自於他過去的經驗，這經驗讓他得知某些因果之間的特定連結。然而，我們能否想想，他在這樣的情境底下，是否會反思過去的經驗，運用他所看和所聽的回憶，得以發現水對動物的身上所產生的效應？肯定不行；這並不是他的推論中所運用的方法。被淹沒的概念是如此緊密連結於水的概念，而窒息的概念又與淹沒概念相連結，以致於心靈無需記憶的幫助，便完成了這些連結的轉換。習慣在我們有時間反思之前便已發揮作用了。

休謨，《人性論》，第一書，第三部分，第8節，根據原文校譯。

Q1：文本例子的那個人所表達出的行為操作，說明了那一種操作？
Q2：在方法使用上，休謨排斥哪一種解釋？為什麼？
Q3：休謨接受哪一個詮釋？
Q4：你認為該如何使用「推論」這個字眼？(L6)

**練習2試答**

1. 一個人在河流前面停下的例子所說明的運作，是預測某個原因所產生的效應。看見水（原因）讓他能預測效應（淹沒）。

2. 我們經常認為，從某個原因預測某種效應所使用的方法，在於憶起某些過去的觀察，並由此演繹出將發生之事的認識。

3. 事實上，根據休謨的看法，當我們預測某些事情時，我們沒有時間去反思過去並演繹將來，而是受到習慣的影響。此外，如果人們加以反思，就會告訴自己，沒有什麼可以讓我們相信過去發生的事情未來也一定會發生。

4. 「推論」這個字眼並不適用，因為休謨已經證明了，人並不推論，而是服從於某種從習慣的事實所獲得的反射。

練習3：概念深化

　　巴斯卡在《沉思錄》中寫道：「沒有什麼比否認理性更符合理性的了。」

1. 請解釋這句話所包含的明顯矛盾，以及人們如何解決這個矛盾。

2. 什麼能讓理性否認自身？

### 練習3試答

1. 這看來是個矛盾，因為如果理性否認自身，它就否認了自己的權威。但我們可以解決這個矛盾，只要記起理性能夠意識到自身的限制即可。

2. 理性可以否認自身，在它感到有某些事物在它能力範圍之外，例如，理性無法論證它所使用的一些第一原則，像是這個世界存在、或是我們不應同時支持兩個互相矛盾的理念等等。

練習4：分析範例並找出問題意識

　　一個人如果有某種偏見，就很難放棄，儘管人們向他提出證據反對他，例如能夠證明其偏見無效的反例。

1. 人們就算有相反證據還是會保留偏見，對此你會如何解釋？

2. 請以此例出發，針對下述主題寫一段討論：「我們是否能免於自己的偏見？」

練習5：作品分析

1. 請解釋為何哲學家能提出看起來像是理性的譬喻？

2. 就這個例子，這幅畫提出了理性與真實之間的何種關係？

| 林布蘭，《哲學與沉思》（*Philosophe en méditation*），1632年，木板油畫（28×34公分），收藏於巴黎羅浮宮。

練習6：找出命題的問題意識

　　請透過下述問題，找出「我們是否能有反對事實的理由？」此一命題的問題意識。

　　——理由與事實的關係為何？

　　——擁有面對事實的理由，是否等於使用理性來解釋事實？

　　——要從事實中得出某種訊息，我們難道不該對這些事實的主題進行推論？

　　請以同樣的方式，由下述命題出發，確認一個或幾個問題：

a. 我們對真實的認識是否受限於科學知識？

b. 如果人們不論如何都認為自己是對的，是否還能夠好好地推理？

c. 是什麼讓人認為這世上有某種理性的秩序？

## 綜合整理

理性是心靈的能力，能用於區分真與假、善與惡。

**(提問)** **Q1：理性如何能認識真實？**

**(癥結)**
要認識真實，理性就得形成某個方法，得出什麼能夠決定真實的理性關係。

**(答題方向)**
根據艾比克泰德，理性既然擁有認識的能力，便能夠自我學習。
根據萊布尼茲的看法，理性能夠發現事實之間必要的連結。

**(引述)**
「哲學最主要也最重要的功能，在於檢驗各種認知，對其加以區分，在沒有檢驗之前不會承認任何我們所認知的事物。」（艾比克泰德，《對話錄》）
「動物用以進行連結的官能，低於人類的理性。」（萊布尼茲，《人類理智新論》）

**(提問)** **Q2：理性是否會重構真實？**

**(癥結)**
被我們當作是真實的事物，是我們的理性承認為真實的事物。

**(答題方向)**
對貝爾納而言，就算是「直接的事實」（fait brutal），也應經由理性核可其有效性。
根據尼采的看法，我們所使用的邏輯與真實並不相符。

**(引述)**
「在實驗方法中，就和在其他地方一樣，唯一的判準是理性。」
（貝爾納，《實驗醫學研究導論》）
「把相似者視為相同來處理，這種強勢的傾向、這種非邏輯的傾向——因為本來就沒有任何相同者——，這種傾向首先創造了邏輯的一切基礎。」（尼采，《快樂的科學》）

**論文寫作練習：請為下述主題寫一段導論**

■ 「是否有科學無法回答的問題？」（科學組，2009）

■ 「藝術是否會改變我們對真實的意識？」（科學組，2008）

■ 「哲學能否無需對科學加以反思？」（人文組，1999）

# 2 | 理論與經驗／論證

**對科學的熱情**

| 喬凡尼・斯特拉丹諾（Giovanni Stradano），《煉金術師的實驗室》（ *Le Laboratoire de l'alchimiste* ），1570年，油畫，收藏於佛羅倫斯的舊宮。

巴爾塔薩・克萊斯（Balthazar Claës）對化學充滿熱情。他探求「絕對」，也就是物質的構成原則。他對化學的熱情與對妻子和對社會生活的愛產生了相互競爭的關係。

「什麼！」巴爾塔薩在房裡站起身來，以銳利的目光射向他的妻子說道：「妳責怪妳的丈夫，因為他挺立於眾人之上，只為了要能在妳腳下撒下榮耀的神聖粉末，彷彿是妳內心寶藏中最微不足道的祭品！但妳不知道這三年來我做的是什麼嗎？是巨人的腳步！我的珮皮塔。」他興奮地說道。在他妻子眼中，比起愛情之火，天才的火焰更讓他的臉顯得燦爛奪目，她邊聽邊掉下眼淚。「我結合了氯和氮，我分解了許多至今為止被當作單一構成的物體，我找到了新的金屬。瞧！」他看著流淚的妻子說道：「我分解了淚水。淚水包含了少許的磷酸鈣，少許氯化鈉，還有黏液和水。」他繼續說著，卻沒看到喬瑟芬的表情露出了可怕的抽搐。他登上了科學之背，科學占據了他，展翅高飛，遠遠離開了這個物質世界。

歐諾黑・德・巴爾札克，《探究絕對》，「七星」叢書，Gallimard出版，卷十，1979年，718-719頁。

| 一般看法 | 思考之後 |
|---|---|
| **科學是難以接近的** | **科學需要要求某種方法** |
| 科學知識應該是抽象的。事實上，它需要智性上的努力，運用一些極度抽象的概念，這些概念與我們日常與習慣體驗到的具體現實沒有直接關係。 | 一項科學知識可為人所知，因為它是精確的，亦即有系統性並且建立在普遍的規則之上。 |

# 科學是經過論證的、理論性的抽象知識。
# 但科學方法不是有許多種嗎？

## 從定義尋找問題意識

### 定義

> 科學知識是種抽象的知識。它是由理論所構成，是嚴格的知識，可透過論證與實驗來證實。

### 由理論所構成

間接而抽象的知識，由能夠解釋真實的概念所構成。這是種體系，由一組具有一致性並有結構組織的概念整體。例如：質量小的物體會受到質量大的物體所吸引（牛頓的理論）。

### 嚴格的知識

科學知識是一整套命題，服從於普遍合理的法則，也就是普遍理性的法則。

### 論證

檢證理論是否嚴密的推理，亦即理論內部是否一致而無矛盾。例如：一條直線的想法，符合於無限個排列成一線的點的概念。

### 實驗

對真實的直接認識，無需抽象的概念。實驗用來檢證理論是否符合真實。例如：肝臟運用血液中多餘的葡萄糖製造可儲存的物質，亦即肝醣的功能，已被實驗所證實（克勞德·貝爾納所發現肝臟中肝醣的功能）。

## 定義提出什麼問題？

這個定義意味著有可能證明某項理論知識是真的。▶ Q1：如何證明科學知識的真實性？

這個定義意味著知識不只是一致的，而且也牽涉到知識本身的真實性。▶ Q2：人類的知識是否受限於感官經驗？

一個科學理論是否就是可靠無誤的？是否無需實驗？▶ Q3：什麼是科學理論？

## 問題思考

—— ✦ ——

COURS

**關鍵字區分**

間接（médiat）／
直接（immédiat）

藉助某種中介物所得到的是間接
的，例如：透過煙的中介，我知
道火的存在。我們無需中介便直
覺擁有的概念是直接的，例如：
我直接觀察就知道煙的存在。

**關鍵字區分**

絕對的（absolu）／相對的
（relatif）

絕對事物的存在不仰賴於自身之
外的任何事物。相對事物的存在
則仰賴於其他事物。神，即造物
主的存在，是絕對的，而受祂所
造的人則是相對的。

# Q1：如何證明科學知識的真實性？

科學運用方法，建立真實的科學知識。根據科學方法，什麼樣的證
據能夠證實一項已知的知識？

## 1. 必須證實知識符合邏輯

　　首先，科學檢驗科學思考的一致性，藉由確認這個思考不會自
我矛盾。我們由此透過推論演繹的證據，從一個已知的命題所導出
的證明，證實這項知識的有效性。推論演繹的證據只在乎推理的邏
輯真實性。例如：三角形有三個角。三角形的概念所檢證的是三角
形的定義中已知的內容。亞里斯多德稱這種透過論證與理性推論所
得到的證據為三段論證（syllogisme）（▶見文本閱讀 1-1，31 頁）。

## 2. 必須接著證實知識所倚賴的各種原則

　　科學知識是直接透過直覺所揭示的許多概念才得以建立起
來。直覺的明顯性因而證明了真實性。從直覺出發，知識透過演繹
（déduction）來運作。根據笛卡兒的看法（▶見文本閱讀 1-2，31 頁），演繹從
直覺直接理解的事物中得出結果。例如：透過理智，三角形的概念
可經由直觀加以掌握。演繹則是從三角形的概念中得出三個角的概
念，由此我們可以證實直覺所獲得的三角形概念的實在本身。

## 3. 只有實驗能證明知識的客觀真實性

　　邏輯與直覺的證據並不足夠。為了檢證某一科學思想符應於具
體的自然事實（réalité），科學應該求助於實驗。例如：伽利略將兩顆
球滾下斜坡，以證實物體下降的速度是穩定而與物體質量無關的理
論。克勞德·貝爾納因此強調實驗方法的重要性（▶見文本閱讀 1-3，33
頁），亦即從觀察特定事實得出假設，然後以某種科學所定的機制加
以實驗，以驗證得自於實驗的一般法則。

# Q2：人類的知識是否受限於感官經驗？

　　經驗讓科學家得以證實科學知識的真實性。然而，理智是否能
獲得某種感官經驗所無法觸及的現實？

## 1. 理智讓我們得以掌握真實

　　理智讓我們能認識絕對的真實，一種非物質的真實。理性是
靈魂的眼睛，讓人們得以看見感官所無法觸及的存在。希臘人稱這
種透過理性所獲得的知識為理論（theoria）；我們也可以稱之為智性體
驗。柏拉圖如此定義辯證法（▶見文本閱讀 2-1，33 頁），它讓我們得以藉

由理性超越感受的表象，觸及可理解的存在。例如：要理解神的理念只能透過理智，而非感官。

## 2. 絕對知識是種幻象

我們經由理解所達到的體驗是抽象的，人類只能透過感官所知覺到的事物進行認識。因此，經驗主義者主張，感官經驗是唯一的來源，讓我們能獲得具體而真實的知識。形上學的沉思（abstraction）在他們看來並無意義，並且只會產生錯誤的知識（▶見文本閱讀2-2，34頁）。例如：全能的神的概念，只是概念的抽象性的放大，而其源自感官之印象。神的概念無法讓我們認識任何真實。

然而，如同康德所指出（▶見文本閱讀2-3，35頁），如果感官經驗有其必要，它也並非充分條件。感官經驗需要本身有某種智性的建構。事實上，科學經驗（或是實驗）只會為人們對自然所提出的問題提供答案。它是建構，無法讓我們擁有對絕對的認識。

## 3. 但理性會欲求絕對

經驗僅受限於我們所感知的世界，使得意識也受限。然而人類的精神渴望絕對。這種對絕對的欲求是人類所特有，並且有其理性的根源。透過理性，人類思索無法認識的真實。而在思考無法認識的真實之時，人類才肯認到經驗受限於感官（▶見文本閱讀2-2，34頁）。因此康德區分出受限於感官的認識，與渴望絕對的思想。例如：神的概念表達出理性渴求絕對。

# Q3：什麼是科學理論？

**理性所思考的絕對，是屬於形上學的維度，而非科學的維度**（▶見長文閱讀，39頁）。**如此一來，科學理論究竟是什麼？理論應該滿足哪些判準才能被認為是「科學的」？**

## 1. 科學拒絕承認絕對的知識

理論能被稱為科學，是因為它的企圖是有節制的。實際上，科學理論不同於形上學，不會去奢望認識現象的絕對真實。科學理論的目標不在於認識現象的第一因（causes premières），而在於認識法則，亦即足以讓我們預測現象的恆常的關係（▶見文本閱讀3-1，36頁）。例如：科學理論並不說明溫度一百度的水為何沸騰。科學理論是在兩個現象之間建立某種恆常關係。

## 2. 科學理論應該是內在一致的，並且能經由經驗證實

物理理論是一整套對抽象分析的系統描述。只要它滿足了內

**關鍵字區分**

抽象的（abstrait）／
具體的（concret）

真實的某個面向是抽象的，是思想與其所屬的整體所分離出的面向。具體的事物則不與所屬的事物分離。例如：桌子作為支持作家活動的平台，這概念是抽象的。這個能讓我在上面寫字的木製桌子則是具體的。

**定義**

形上學是對真實的認識，而人無法透過感官來經驗它。

在一致的條件，亦即它是嚴格演繹推論的，它就是科學的。科學理論還應由觀察來驗證，而抽象分析的表述也應經過事實的實驗證實（▶見文本閱讀3-2，37頁）。內在一致性是確保數學之科學性的充分條件，但這卻不能確保物理學的科學性。例如：觀察能夠證實克卜勒定律（la loi de Kepler），即行星軌道是橢圓的。

### 3. 只有可否證的（falsifiable）理論才具有科學價值

　　儘管內在一致與實驗證實是科學的兩個必要條件，它們卻不充分。只有能被否證的命題才是科學的（▶見文本閱讀3-3，37頁）。因此，區分科學理論與非科學理論的，並非一致性，也非可證實性，而是「可否證性」（falsifiablité）。只要精神分析以無意識這項假說來解釋人類一切行為，這似乎就是無法否證的，因此是非科學的。科學的假說必然總是不完全的，因此是可否證的。例如：天鵝是白色的，這個命題是科學的，因為它是可否證的，而且事實上已被「黑色天鵝是存在的」這個命題所否證。

# Q1：如何證明科學知識的真實性？

**證據是種方法，讓我們能證實某個思想的真實性。這種證實是如何進行的？**

*三段論證作為理性論證*

**文本閱讀 1-1**
亞里斯多德

亞里斯多德 Aristote
公元前384-322

　　亞里斯多德將邏輯界定為論證的、理性推論的、分析的、嚴謹的、邏輯的而且內在一致的科學，同時也是三段論證的科學。例如：如果A是B，而B是C，那A就是C（如果蘇格拉底是人，而人會死，那蘇格拉底就是會死的。）

　　首先必須確立的是我們的研究主題，以及該研究屬於哪個學門：這個研究對象乃是論證，屬於論證的科學。接著我們應該要定義我們所謂的前提、詞項、三段論證為何［…］。

　　前提是肯定或者否定某物是某物的論述［…］。

　　我所謂的詞項，指的是拆解 (se résout)[1] 前提後所得的元素，亦即前提所肯定的謂語 (le prédicat)[2] 和主詞，以及被加上或去掉的繫詞「是」或「不是」[3] ［…］。

　　三段論證是種論述，在這種論述中，一旦確立某些事物，僅憑這些所確立事物的事實就可以得出其他事物。我的意思是透過這些事物才能得到這樣的結論。接著，「是透過這些事物才能得到這樣的結論」這句話，指的是要產生必要的結論，並無需更多任何外在的詞項。

亞里斯多德，《工具論》，〈前分析篇〉，J. Tricot 譯本，Vrin，1971年，1-2頁與4-5頁。

1 ｜「拆解前提後所得的」：構成陳述所限定的、界定的或是所定義的要素。
2 ｜歸屬於主體的客體或是由主體所肯定的客體。
3 ｜審定注：亞里斯多德認為，一個前提表現在語句上，可以分解為幾個部分，除了上述所說的「主詞」和「謂詞」之外，還需要加上肯定與否定的「繫詞」（是與不是），在此，補充法文引文所省略的段落。

Q1：什麼是論證的科學？
Q2：什麼是前提，什麼又是詞項？
Q3：什麼是三段論證？

*直覺與演繹*

**文本閱讀 1-2**
笛卡兒

荷內·笛卡兒
René Descartes
1596-1650

　　笛卡兒區分兩種理智的方法，直覺與演繹，兩者都能讓我們得到確切的認識。直覺是轉瞬發生且直接的，演繹則是在時間中推展而成且間接的。

　　我所謂的直覺，完全不是指不穩定的感官證據，也不是指想像力[1] 所令人迷惑的判斷，進行著毫無價值的混雜組合，而是指某種認知 (représentation)[2]，即智性所表現出純粹而專注的事實，這種認知如此簡明而明晰，以至於對於人們透過這種認知所理解的一切，都不會

1 ｜對於不存在事物的思考，以及以不同的方式重組了感官體驗的各種要素的思考。
2 ｜此處指思考的方式。

再有任何懷疑；又或者，回到同一個主題，一個無法質疑的認知，即作為純粹而專注之理智的事實、唯獨來自於理性之光、並因其為最簡明者而亦為最確實者、比演繹更為確實的認知；然而，[…] 演繹不可能，直覺也不會，因某個人的心靈錯誤地而被形成。因此，每個人都可以透過直覺看見自己存在、自己在思考、三角形的範圍也只由三條線所劃定、球面則由單獨一個平面所界定、以及其他類似的事情，不可勝數，但大部分的人卻並未注意到，因為他們不屑於將心靈轉向如此簡單的事物。[…]

　　我們可以從此自問，為何在直覺之外，我們在此增加了另一種認識的模式，即透過演繹所產生的認識模式；我們在此所指的是，對某些已知的事物所必然產生結果的確認不疑（certitude）[3]。我們過去非得如此進行，因為大部分事物都是某種確定知識的對象，其自身並非自明的；需要的只是對它們加以演繹，從各種已知的真實原則出發，從連續而不間斷的思維運動，從每個終點獲得一種清楚的直觀：這只是因為我們知道，一條長鏈上的最後一個環圈，與第一個是相連的，儘管我們並未一眼就看見這串連結中間的所有環圈；只要我們一個接著一個檢視它們，以及只要記得從第一個到最後一個環圈，每個都連結於直接與其相隔的環圈。由此我們便能區隔理智的直觀與確定無疑的演繹，因為我們只能在其中一者之中設想某種運動或是接續，而無法在另一者之中做此設想；還因為對於演繹而言，並不需要像直覺一樣，要有某種實際的明顯性，而是演繹以某種方式，透過記憶獲得其確定性（certitude）。接下來，我們可以說，這些直接從一些第一個原則所歸結出來的命題，按照我們所處的視角，有時透過直覺、有時透過演繹而對這些命題有所認識；但這些首要的原則本身只能為直覺所認識，而較遠的結論則只有透過演繹才能認識。

笛卡兒，《精神指引的規則》，〈規則三〉，J. Brunchwig譯本，Garnier出版，1936年，87-90頁。

[3] | 我們無法否定的認識。

### 理解命題的論據──文本閱讀1-2

**命題**：智性的認識，不論是透過直覺還是演繹，都是確實而無庸置疑的。

**論據一**：直覺是確定的，因為它出於純粹的智性或是理性。直覺既不源自感官經驗，也不源自想像，後者不是什麼別的，只是某種從感官經驗中所取出的要素的重新組合。

**論據二**：直覺是確定的，因為它是單純的、清楚而簡單的，亦即並非由多樣的要素所構成，也因為它不是什麼別的，只是人類心靈本身對觀念的專注。

**論據三**：演繹是確定的，因為它不是什麼別的，只是一連串接續的直覺。

**論據四：**演繹是確定的，因為構成它的一連串直覺，具有連續而不間斷的特質。

*經驗讓我們得以認識真正的事實*

**文本閱讀 1-3**

———

貝爾納

克勞德·貝爾納 Claude Bernard
1813-1878

克勞德·貝爾納區分了實驗方法中的三個時刻。第一個是觀察，第二個是判斷或假設，第三個是實驗。

這就是科學的實驗方法，據此，經驗總是得自於某種已確立的關於某概念的精確推論，這概念來自觀察，並由經驗控管。事實上，在一切的實驗知識中都有三個階段：進行觀察、確立比較有充分理由的判斷。實驗方法所做的不是別的，只是要對我們周遭的事實做出判斷，藉助於某個判準 (criterium)[1]，這判準本身僅是另一個事實，其設置是為了對判斷進行調控與讓實驗得以產生。在此一般意義上的經驗，是人類知識的唯一來源。心靈本身，只有事物中某種必要關係的感受，但心靈只有透過經驗，才能認識這種關係的形式。

| | 證據。此處是指證實理論符應於現實的經驗。

貝爾納，《實驗醫學研究導論》，「Champs」叢書，Flammarion，1984年，41頁。

Q1：實驗科學所運用的方法有哪些階段？
Q2：什麼是實驗證據？

## Q2：人類的知識是否受限於感官經驗？

**經驗是對真實的直接認識，也就是說它獨立於一切概念。經驗是否能無限制地接近真正的實在？**

*辯證法與理智經驗*

**文本閱讀 2-1**

———

柏拉圖

柏拉圖 Platon
公元前 427-347

柏拉圖區分四種不同程度的認識，他用一條線的不同分段作為隱喻來描繪。在最高的層級上是對於永恆本質，特別是至善之類的絕對事物等首要本質的辯證的科學。在第二層級則是對於數字或平面圖形等較低階的本質存在的推論知識。在第三層級則是對感官事物，亦即各種有其生滅的時間性事物的信念或是感知。最後，在第四層級則是對同樣這些事物的感官表象的想像或感知。

蘇格拉底：正因如此，只有辯證的方法[1]走在這一條道路上，因為它能排除那些臆測，上升到原則本身，好實在地確立其結論，同時，它又能從粗鄙的汙泥中，將深陷其中的靈魂之眼，一點一點地拉

| | Méthode dialectique：從較低層級提升到較高層級的思考方式，例如從數字到至善的概念。

拔出來，引導它朝向更高的領域，並且把我們前面提到的那些技藝，用作此一改變的輔助與幫助。我們過去根據習慣常把這些專業技藝稱作科學（sciences），其實，它們應該換個別的稱呼，因為它們雖然比意見明亮，但和知識相比，它們就顯得昏暗──

我們在上文某處用的是推論知識[2]的這個稱呼。不過，我認為，我們不能為了這些稱呼進行爭論[3]，因為我們面前仍有這麼多重要的問題需要探討。

葛勞孔：的確不能。

蘇格拉底：我們需要的只是，如同前面一樣，把知識的第一部分稱為科學，第二部分稱為推論知識，第三部分稱為信念，第四部分稱為想像；後兩部分統稱為意見[4]，前兩部分為理智[5]；意見關係到生成[6]，理智關係到本質[7]；因為本質和生成對立，理智也就和意見對立，科學也就和信念對立，推論知識和想像對立。

柏拉圖，《理想國》，〈卷七〉，R. Baccou譯本，
「Garnier」叢書，Flammarion出版，1966年，292頁。

2 | Connaissance discursive：從較低的概念（亦即某種假設）出發推斷出一個夠低層級的概念的知識。例如，從單一體的概念推論出二。

3 | Disputer：以衝突的方式進行爭辯。

4 | Opinion：對感官事物的感官觀點。

5 | Intelligence：理智的知識。

6 | La Génération：有生有滅的事實。

7 | Essence：由自身形成其所是的事物。對柏拉圖而言，就是指理念。

Q1：假設與原則的差異為何？

Q2：為何生成的知識，亦即關於感官與時間性的事物的知識，是一種意見？

Q3：推論的知識在多大的程度上是在意見與理智的中間？

---

## 文本閱讀 2-2

### 休謨

大衛・休謨 David Hume
1711-1776

### *觀念與印象*

對休謨而言，觀念是種種抽象化（abstractions）的結果。觀念這些混淆、微弱而無生命的感知，源自於感官的印象，而這些印象是具體、明確、強烈而有生命的感知。休謨是經驗主義的奠基者，根據經驗主義的學說，感官經驗是知識的唯一來源。

一切觀念，特別是抽象觀念，天然是模糊的、黯淡的，心靈只能微弱地掌握這些抽象觀念，它們容易與其他相似的觀念混淆。當我們經常使用某個名詞，即使沒有賦予它明確的意義，我們也容易想像它是附帶某個確定的觀念。相反，一切印象（impression），即一切感覺，不管是外部的或內部的，都是強烈的、生動的，感覺之間的界線更精確地界定，更不容易陷入任何錯誤和誤解。因此，當我們對一個被使用卻沒有任何意義或對應觀念的哲學名詞發生疑問（這是常見的），我們只需追問：所假定的那個觀念是從何種印象得來的？如果不可能找到任何與它相應的印象，那就證實了我們的懷疑了。

大衛・休謨，《人類理解研究》，P. Baranger與P. Saltel譯本，
「Garnier」叢書，Flammarion出版，1983年，67-68頁

Q1：為何觀念本身是「模糊而黯淡的」？

Q2：印象為何比抽象觀念更為精確地被界定？我們應該用什麼方法
來發掘某個觀念是否有意義？

現象與本體

**文本閱讀 2-3**
康德
依曼努爾・康德 Emmanuel Kant
1724-1804

對康德而言，普遍觀念形成的活動在於綜合一些特定感性直觀
的多樣性。概念來自於理智，各種概念會組織經驗所獲得的資料，
使這些經驗資料成為可認識的，並產生客體，即各種現象。康德並
不是經驗主義者，因為對他而言，感官經驗並非認識的唯一來源。
認識有時需要經驗，有時則需要理智，認識並不以事物自身（本體）
為基礎，而僅只以我們對事物（現象）的描述為基礎。任何人類的
心靈都無法超越經驗的限制而得到認識。

　　我將一個概念稱之為或然的（problematisch），如果此概念不包含任何
矛盾、同時能夠作為一個既予概念的限制而與其他知識相關聯，但其
本身的客觀實現性卻無法以任何方式被認識到。一個本體（Noumenon）
的概念，也就是，一個本就不應當被思維成是感官的對象，而應當
（僅只透過純粹知性〔reiner Verstand〕）被思維成是物自身的物的概
念，並不因此是自相矛盾的：因為從感性我們無法宣稱，它就是直
觀的唯一可能方式。除此之外，為了不使感性直觀將自身擴展到物
自身之上，亦即，為了限制感性知識的客觀有效性，這個 [ 本體 ] 概
念是必要的。（因為感性直觀所達不到的其他一切之所以被稱為本
體（Noumena），我們正是為了要藉此表明，這些 [ 感性 ] 知識不能將其
領域擴展到知性所思維的一切之上）。然而，到最後，這些物之本
體（Noumenorum）的可能性依然無法被看到。現象領域之外的範圍（對
我們而言）是空的，也就是說，我們有個會透過或然的（problematisch）
方式將其自身擴展到比現象領域更遠的地方的知性（Verstand），[ 對此
超越現象的領域，我們 ] 卻沒有任何直觀，甚至是連一個能夠提供
我們超越感性範圍之外的對象、知性從而能夠對此對象進行實然的
（assertorisch）運用的可能直觀的概念都沒有。本體概念僅僅只是個界限
概念（Grenzbegriff），為的是要限制感性的僭越，因而只有消極的運用。
儘管如此，此 [ 本體 ] 概念卻不是任意地被杜撰出來的，而是與感性
的限制有關，不能夠在感性的範圍之外，設立任何積極之物。

康德，《純粹理性批判》B310-311，根據原文校譯。

1 | Le concept d'un noumène：本體的
概念指的是某種自存自在之物（une
chose en soi，或稱物自身）。這是
種可理解的存在，是種無需感官資
訊便可思考的事物。

2 | Intuition：直接而具體的認識，亦
即無需抽象概念做中介。

3 | Problématiquement：對可能之
事物、亦即可存在之事物的肯定
陳述。

4 | Assertoriquement：對於真實之事
物、亦即儘管不見得必然實際存在
者的肯定陳述。

第二章 理論與經驗／論證─哲人看法

人認識到的實在是否受限於自身？

35

理解命題的論據──文本閱讀2-3

**命題**：經驗是有限的，因為它無法觸及可理解的實在，而只觸及感官的實在。

**論據一**：本體的概念，是自身之存在便為可理解之事物的概念，亦即並非由感官直覺所得出的事物。理智的直覺，亦即此一僅藉由智力便可直接理解其存在，是不可能的。對人類而言，只有感官的直覺，亦即透過感官所得出的資訊。

**論據二**：本體的概念對於了解到感官直覺的有限性，以及避免認為此一直覺能達致事物自身的實在而言，是必要的。因此，本體的概念是空洞的，也是負面的，亦即缺乏正面的內容。

**確實理解了嗎？** 在對本體的思考與對現象的認識之間，差別何在？

## Q3：什麼是科學理論？

### 是什麼讓一整組抽象的描述成為科學的？

**文本閱讀3-1**

孔德

奧古斯特・孔德 Auguste Comte
1798-1857

*科學理論不承認絕對性*

孔德將人類個體的智性發展區分成三個階段。神學的童年期，思想上會透過將事物擬人化想去認識事物之絕對原則。形上學的青少年期，思想上會以抽象存在作為原因去取代擬人化原則。最後是屬於實證或是科學精神的壯年期，思想上會否認絕對性而只尋求事物之間的恆定關係。

從原初哲學中不論是神學或是形上學所立即察覺到各種模糊且抽象解釋的根本虛幻性（inanité）[1]的這種預備性的（préparatoires）[2]鍛鍊中，人類精神從此便取消了對絕對的探究（因為那只屬於人類精神的兒童期），而將其努力限定在一個從此可以快速進步的領域中，即真正的觀察，這是真正可獲得的、審慎地符合我們真實需求的知識之唯一可能基礎。思辨邏輯至今之前一直是推理，以某種或多或少繁瑣的方式，根據一些不包含任何充分證據的混淆原則總是引發出沒有解決方案的辯論。思辨邏輯從今以後認識到，它作為根本的規則，一切無法化為對事實之簡單陳述的命題（不論是特殊或是普遍的事實），就不能提供任何真實且可理解的意義。[…] 純粹的想像從此無可挽回地失去了古老的最高精神權力，並且必然要服從於觀察，以求建立某種完

1 | 無用。
2 | 孔德指的是被揭示為徒勞的努力，也就是在放棄絕對實在之前為了接觸絕對實在所做的智性上的努力。

全常態的邏輯狀態 [⋯]。簡言之，標誌我們理智之成熟 (virilité)[3] 的根本革命，主要在於所有地方，確切而言是在各種起因的無從獲得的確定性上，代之以對各種法則的單純探詢，也就是探詢在觀察到的現象之間所存在的恆定關係。無論最低或最為至高效應，無論是像是思想和道德上的衝擊或重力，我們只能真的認識其實現的各種各樣的相互連結，而無法穿透它們之所以形成的秘密。

3 | 成年而完成的特性。

孔德，《論實證精神》，Vrin 出版，2003 年，65-67 頁。

Q1：什麼是專屬於科學的方法？
Q2：運用專屬於科學方法的科學有哪些？

物理學理論與經驗相符

**文本閱讀 3-2**

迪昂

皮耶・迪昂 Pierre Duhem
1861-1916

　　迪昂將物理學理論的科學特性定義為符合經驗法則的一個具備數學的、邏輯的、演繹的命題體系，而非某種由其與現實相符合的真實所得出的解釋。

　　一個真實的理論是這樣的，它不是從物理的表象給出某種符合現實之解釋的理論；而是以某種充分的方式呈現出一整個實驗為基礎的經驗法則的理論；一個錯誤的理論，並不是與現實相反的假設為基礎的某種解釋上的嘗試；而是命題的整體不符合實驗為基礎的經驗法則。對物理學理論而言，符合經驗是真理唯一的判準 (criterium)[1]。

1 | 證據。

皮耶・迪昂，《物理學理論、其對象與結構》，Vrin 出版，2007 年，45 頁。

Q：根據這位作者，以實驗為基礎的經驗法則是什麼？

可否證的科學判準

**文本閱讀 3-3**

波普

卡爾・波普 Karl Popper
1902-1994

　　對波普而言，判定科學（或是經驗主義的）理論與非科學理論的判準，並非一致性 (cohérence) 或是可證實性 (vérifiabilité)，而是可否證性 (falsifiabilité)。如果某個理論是不可否證（無法證明為假）的，如果它總是被有系統地證實為真，它便不是科學的。理論是對真實的有限解釋範圍。這個範圍越大，理論便越有力，但如果它的能力大到無法否證的程度，它就不再是科學了。

　　歸納邏輯裡固有的區別判準，也就是實證主義[1]關於意義[2]的信條，就是要求所有經驗科學的命題（或說是所有「有意義」的命題）的真假最後必須能夠被決定；我們應該這麼說，這些命題的真假必須「能確實地被決定」。這意味著，在形式上，這些命題的證實與否證必

1 | 主張某種說法具科學性，若這個說法是有意義的，就是經驗所證實的。
2 | 意義，是指作為確定為真的科學陳述上的意義。

定都是邏輯上可能的。[…]

換言之，我並不要求一個科學體系一旦被提出，就能永久地被確立下來；我的要求是，一個科學體系必須具備可以被孤立出來、透過經驗測試而加以否定的邏輯形式，亦即：一個經驗科學的體系，必須能有可能被經驗所反駁。

（因此，「明天這裡不是下雨就是不下雨」的命題，僅僅因為它無法被反駁，所以不會被視為是經驗命題；然而，「明天這裡會下雨」就會被視為經驗命題。）

[…] 因為其邏輯特性，一項科學命題傳達有關世界的實證資訊越多，就越有機會與其他單稱命題衝突。（我們稱呼自然法則為「法則」不是沒道理的：它禁止得越多，說得也就越多。）

[…] 我的主張是建立在可證實性與可否證性之間的不對稱，這種不對稱肇因於全稱命題的邏輯形式。因為，這些全稱命題永遠無法從單稱命題推論出來，但卻可能被單稱命題所推翻。所以，藉由純粹演繹的推論（借助古典邏輯的否定後件法），我們可以透過單稱命題之為真，證明全稱命題之為假。

波普，《科學發現的邏輯》，1957年，17-19頁，根據原文校譯。

---

**理解命題的論據──文本閱讀3-3**

**命題：** 區分科學理論與非科學理論的判準並非可證實性，而是可否證性。

**論據一：** 一項理論之科學特色的判準，並非實證主義所說的歸納邏輯。根據歸納邏輯，一般科學命題源自於特定的觀察，而對此觀察而言，這個命題有意義，並且確實是真的。與此相反，真正的判準卻是可否證性，亦即某項可證實的陳述具有可以相應地不被某些事實所證實的可能性。

**論據二：** 科學訊息正面的豐富，與該訊息的負面而有限的特徵之間，具有直接的相關性。

**論據三：** 某個普遍的科學陳述的錯誤性，來自於它與某個已證實的特殊陳述之間所產生的矛盾。理論，在其真實性一如在其虛假性當中一樣，具有科學特徵的結構，因此本質上是演繹的而非歸納的。

**確實理解了嗎？** 為何像精神分析這樣的學科並不是一種科學？

## 康德，《純粹理性批判》〈第二版序言〉

**口試**

> ### 什麼樣的哲學方法能提供通往認識的途徑？

| 喬塞皮‧貝祖歐利（Giuseppe Bezzuoli），《伽利略》（*Galilée*），1839年，壁畫，弗羅倫斯法院。在比薩的公開課程中，伽利略證明重力的法則。

### 1. 自然科學的進步

在十六世紀時，哥白尼的天文學撼動了對宇宙的概念。事實上他的天文學發現了，並不是太陽繞著地球轉，而是地球繞著太陽轉，和人們以為的從亞里斯多德與托勒密開始的地心說相反。伽利略在十七世紀讓「自然以數學語言」被說出來，結合了實驗與計算，提出了物體墜落的法則。但形上學，即知識原則的科學，卻並沒有相同的進展：經驗主義者（對他們而言，知識來自於經驗）與觀念論者（對他們而言，是天生內在的概念為知識奠定了基礎）帶來了無盡的辯論。

### 2. 一種新的認識模式

康德利用哥白尼的革命，提出某種建立知識的基礎與限制的方法。這方法不再認為是主體被客體所啟迪，如同在他之前

的形上學家（例如柏拉圖）所認為的，而是相反，是客體被主體所安置。主體具有表述科學法則的能力。他無法企及絕對的實在本身。但他能夠客觀地認識現象，透過以觀念來綜合各種直觀。形上學，亦即對絕對的思考，它本身無法成為一門科學。它是人類理性的單純的渴望。

**作品介紹**

康德

依曼努爾・康德 Emmanuel Kant
1724-1804

在《純粹理性批判》當中，康德將知識定義為受感官經驗所限制。他還指出，知識所包含的概念是先天的（a priori），亦即獨立於感官經驗之外。因此科學知識運用了心靈的兩種功能，即感性與理智。感性（la sensibilité）是感覺直觀的功能，而理智（l'entendement）是觀念的功能。更精確地說，知識是普遍觀念對各種特殊的感覺直觀之多樣化的綜合。透過這樣的綜合，心靈自身創造出知識的客體，亦即現象。

---

伽利略的實驗：它說明了物體掉落的速度是恆定的，並獨立於其重量。▶

當伽利略讓他的球以他自己所選定的重量滾下斜面時，[…] 在所有這些自然研究者的心中突然閃過一道靈光。他們領悟到，理性只能認識到它按照自己的規劃所產生的東西，理性必須按照不變法則進行判斷的原則走在前面，迫使自然回答它的提問，而不必然只由自然牽著繩子走。因為若非如此，那些偶然的、不是按照事先制定的計畫所進行的觀察，就根本無法在一條理性所追尋和需要的必然法則中關聯起來。理性必須一手握著其原則，唯有依據這些原則，達成一致的現象才能被視為法則，另一手拿著按照原則所設想出來的實驗走向自然，雖然是為了求教於自然，卻不是像一個小學生一樣，背誦出老師所希望的一切，而是像一位在位的法官，迫使證人就其提問進行答覆。這樣，甚至是物理學也應當將那場如此有利於其思維方式的革命，歸功於這樣的靈光乍現，亦即，意識到必須依據理性自己置入自然的東西，在自然中尋找（而不是虛構出自然），這才是理性必須向自然求教的地方，因為若非如此，理性本來可能對其一無所知（自己放入自然的東西）。由此，自然科學才首次被帶上了科學的道路，因為自然科學過去數百年所做的僅是無謂的模式和嘗試。

科學家如何處理其經驗？▶

為何理性的原則若無經驗便無法解釋自然？▶

形上學（首要原則的科學）從純粹理性中得出其原則，獨立於經驗。▶

形上學這門絕然孤立、思辨性的理性認識，僅憑藉單純的概念（而不像數學透過將概念運用於直觀），超越了經驗的教誨，因而在這裡，理性是自己的學生。儘管形上學比其他一切科學更為古老，即使其他科學可能在一場毀滅一切的野蠻深淵中將全數地被吞噬，形上學也會留存下來。但形上學至今的命運卻不曾如此惠顧它，讓它可以走向科學的可靠道路。

我應當認為，通過一場一舉成功的革命而成為今日樣貌的數學和

自然科學的實例，是值得充分注意的，以便反思對這兩門學科多所助益的思維方式改革的本質性部分，並在這裡就它們作為理性知識與形上學類比，至少嘗試仿效它們。迄今為止人們都認為，我們所有的知識都必須取決於對象；但是在這個預設下，所有試圖通過概念先驗地構成對象，以便擴大我們知識的一切嘗試，都歸於失敗了。因此，我們姑且試看看，如果我們假定對象必須取決於認識，我們在形上學的任務是否會有更好的進展。這個假定至少能夠與對於對象的先天知識所要求的可能性更為一致，亦即，在對象被給予我們之前，就對於對象有所斷定。這裡的情況與哥白尼最初的想法是相同的，當哥白尼假設全部星體皆環繞著觀察者而運行，對天體運動的解釋卻無法順利進行時，他嘗試讓觀察者自己旋轉，讓星體靜止下來，看看這樣是否能取得更好的成績。如今在形上學中，當涉及對象直觀時，我們也能夠以類似方法來試驗一下。

> 形上學可以透過改變觀點而進步：是人類心靈（按照其秩序）再現了自然事物，而非自然是顯現於人類心靈中。

如果直觀必須取決於對象的性狀，那麼，我就看不出，人們如何能夠先天地對對象有所認識；但如果對象（作為感官的客體）必須取決於我們直觀能力的性狀，那麼，我就可以清楚地想像這種可能性。但由於要使直觀成為知識，我就不能只是停留於它們那裡，而必須把它們作為表象與某個作為對象的東西關聯起來，並通過那些表象來規定這個對象。所以我要麼只能假定，我用來做出這種規定的那些概念也取決於該對象，這樣一來，我對如何能先天地對它有所認識的方式，就陷入同樣的困境；要麼我假定，對象或是——這是一樣的——（作為被給予的對象）唯一能夠在其中被認識到的經驗，是取決於這些概念，這樣，我馬上就看到了一種更為簡易的說明，因為經驗本身就是知性所需要的認識方式，我必須早在對象給予我之前，從而是先天地在我之中將知性的規則作為前提，知性的規則在先天的概念獲得表述，因而一切經驗對象都必然取決於這些概念，且必須與它們一致。至於那些僅僅通過理性、同時必然地被思考，卻完全不能在經驗中（至少不能像理性所設想的那樣）被給出的對象，那麼對他們進行思考的嘗試（因為它們倒是必定可以被思考的）就成了極好的試金石，檢驗我們所認定的思維方式中，在方法上面所改變的東西，亦即：我們對事物所能先天地認識到的，就只有我們將自己放進事物裡面的東西。

> 為何知識並不單獨仰賴於我們的感官經驗？

> 這種直觀（由感官把握的），如何能變成知識（對自然規律的發現）？

這一嘗試如願得以成功，它便允諾了形上學處理先天概念（使得經驗中與之相對應的對象能夠被給予出來）的第一部分，一條科學的可靠道路。因為依據思想方式的這種變革，人們完全可以很好地解釋先天知識的可能性，甚至更進一步，對於那些作為自然界、亦即經驗對象的總和先天奠基礎的法則，提供令人滿意的憑據，而這兩種情況按照至今為止的行事方式皆是不可能的。然而，在形而上學的第一部分中，從對我們先天認識能力的演繹中，卻得出了一個出人意表

> 形上學有兩個部分。第一個是概念與法則的先天知識，其對象由經驗所給出。

的、對形而上學的第二部分所探討的整個目的看似極為不利的結果，這就是：我們不能憑藉這種能力超越可能經驗的界限，但這恰好是[形上學]這門科學的最本質的事務。然而，這裡面也就正好包含著反證我們理性的先天知識的那個初次評價的結果之真理性的實驗，亦即這種[理性]知識只涉及現象，與之相反，自在的事物本身雖然就其自身而言是實在的，但卻不能為我們所認識。因為必然地推動我們去逾越經驗和一切現象之界限的東西，是那個無條件者 (das Unbedingte)，它是理性在物自身本身中、必然的並且完全有理由為一切有條件者所要求，因而也是諸條件的系列作為完成了的系列所要求的。現在，如果我們假定我們的經驗知識取決於作為物自身本身的對象，將發生的狀況為：無條件者絕不可能無矛盾地被設想；與之相反，如果我們假定我們對事物所作的表象正如他們被給予我們的那樣，並非取決於作為物自身的本身，而是這些對象作為現象取決於我們的表象方式的，上述矛盾就消失了；因此無條件者絕不可能在我們所認識的（被給予我們的）那些物那裡去找，而必須到我們所不知道的、作為物自身本身的物那裡去找：如果是這樣，這就表明我們最初只是作為嘗試而假定的東西是有理由的。

> 形上學的第二個部分是知識的有限性。這並不針對事物的實在的自身，而是針對現象。形上學渴望種透過理性掌握絕對。這種渴望是種沒有對象的思考。

如今，在否認了思辨理性在這個超感官領域中的一切進展之後，始終保留給我們一個嘗試是，看看在它理性的實踐知識中，是否能夠發現一些材料，來規定無條件者這個超驗的理性概念，並以某種合乎形上學的願望的方式，憑藉我們唯有在實踐的意圖上才可能的先天知識，來超越一切可能經驗知識的界限。

康德，《純粹理性批判》，〈第二版序言〉，BXIII-XVII，根據原文校譯。

## 口試
1. 康德式的科學概念在什麼意義上是哥白尼式的革命？
2. 為何康德否定形上學能有科學的稱號？

# Q4：我們是否能以科學的方式認識作為人類的自我？ ▶見第三冊《主體》、《意識與無意識》

## 1. 有一種關於人類自我的科學知識

從意識本身而來關於意識的科學知識是種形而上學知識。這是笛卡兒（▶見文本閱讀4-1，44頁）所謂的自我概念的理智直觀。如果自我的存在是絕對真實的，又如果哲學上來看我應該懷疑我是一個物體（corps）這樣的事實，那所謂的絕對真實的我之存在，這個存在的我之所是，在天性或在本質上的東西就是思維。認識自我，就是將自己做為能思考的東西來思考自我。

## 2. 並不存在某種關於自我的形而上學的認識

認識一方面意味著某種綜合活動，另一方面則意味著某種感官經驗。綜合活動源自於自我，它思考自身卻不擁有對自我的認識。對自我的感官經驗是種認識，但這種認識純屬感官，無法企及像是實體（substance）般之自我的深刻實在。形而上學想得到關於意識的知識的企圖，便會是康德所謂的謬誤推論（paralogisme，▶見文本閱讀4-2，45頁），亦即某種錯誤的推理，在「我思」與「自我的實在」之間產生混淆。

## 3. 存在著某種關於人類的科學知識

根據涂爾幹的看法，關於人類的社會學知識，是科學而客觀的。其方法在於將個人的內在性放入括弧（存而不論）。透過這種方法，社會學知識只考慮人類的外在行為。這種行為服從於因果與社會的法則，這些法則是無意識的，並且具有嚴格的強制性（▶見文本閱讀4-3，45頁）。

## 4. 存在著某種關於自我的情感性而非科學性的知識

我本身擁有的知識既非某種理智上的直觀，亦非某種感性直觀，亦非某種抽象科學知識。這是種感受性的知識，一種純粹、原初而內在的感覺，根據米歇・昂西（Michel Henry）的看法，亦即某種純然主觀（subjective）而無對象的內在經驗（▶見文本閱讀4-4，47頁）。

**關鍵字區分**

客觀（objectif）／主觀（subjectif）

客觀指的是與外在世界的客體一致的觀念。主觀指的是只關乎主體內在性的事物。地心引力的理論是客觀的，快樂是主觀的。

荷內·笛卡兒
René Descartes
1596-1650

笛卡兒

**自我將自身認識為能思考的事物**

在〈第一沉思〉中，笛卡兒已經發現了，嚴謹的形而上學思考要求去懷疑具有形體的事物，包括自己的身體。在〈第二沉思〉中，他發現了作為形而上學知識之對象的首要絕對真理，亦即我的存在。就笛卡兒看來，這同一個我的本性，既然是絕對真實的存在，那就不會是別的，而只會是思考。即使在我思考之外沒有什麼東西，亦即我所想像或是感受到沒有什麼是存在著的，思考著的我都是絕對真實的存在。

我是，我存在：這是肯定的；但存在了多久？那就是和我思考的時間一樣久；因為或許可能的是，如果我停止思考，我就可能停止成其所是或是停止存在了。現在我不接受任何不必然為真的事物：因此，準確地說，我只能是個思考的事物，也就是一個心靈，一個理智或是理性，在此之前我並不認識這些字眼的意義。然而我是個真實的事物，也真實地存在著；但是什麼事物？我說了：一個思想之物。還有什麼別的呢？我將進一步運用我的想像力，以探究我還不會是什麼。我不是我的四肢的總和，人們所稱之為人體；我不是那穿透周身、漫佈四肢的一股氣流；我也不是一陣風、一道氣息、一縷輕煙、也完全不是什麼我能捏造與想像的事物，既然我假設了這一切什麼都不是我，那麼，在不改變這個假設的情況下，我便不能確定我會是某個東西。[…]

但這麼一來，我會是什麼呢？某個思考的事物。什麼是一個思考的事物？那就是一個會懷疑、會構想、會肯定、會否定、會欲求、會不欲求、也會想像、會感受的事物。當然，如果這一切都屬於我的天性，並不是什麼誇張的事。但為何它們就不會是不屬於我的天性？我難道不也就是這樣一個我，一個幾乎一切都懷疑，卻又能理解與構想某些東西，確信也肯定只有這些東西是真實的，而否認其他一切，並且想要也欲望更進一步認識這些東西，而不想被欺騙，並想像許多事物，即使有時會事與願違，而且，例如透過身體器官的中介，感受到許多事物的我嗎？這一切有什麼不是和確定我之所是一樣真實的嗎？儘管我一直沉睡著，而我存在著，而那賦予我存在的事物，則以其一切力量來欺騙我？是否這些屬性有任何一個可與我的思想區分開來，或是說能與我分離？因為，這是如此顯而易見，在懷疑、理解、意願的是我，在此並不需要增加任何事物來加以解釋。我肯定也擁有想像的力量；因為還有可能（像我先前所假設的）我想像的事物未必是真的，然而，這想像的力量是真的存在我裡面的一部分，而且是我思想中的一部分。最後我和在感受的我是同一個，也就是那個透過感覺器官接收與認識事物的我，既然事實上我看得見光，我聽得見聲音，我

感覺得到熱。但人們會跟我說，這些表象是假的，而我正在睡夢中。就算事實是這樣；然而，非常肯定的是，至少似乎就我看來，我看到，我聽到，我感到溫暖了：這的確就是在我之內被稱之為感受的東西，當準確理解它時，這不是別的東西，正是思考。我由此開始認識我是什麼，更清楚也與先前更有區別。

笛卡兒，《沉思錄》，〈第二沉思〉，「Garnier」叢書，1992年，418-422頁。

Q：如果對絕對真理的追尋，需要連身體的存在都懷疑，那我是什麼？

### 我是個抽象概念而非實體

**文本閱讀4-2**

康德

依曼努爾‧康德 Emmanuel Kant
1724-1804

康德宣告了傳統形上學的推理錯誤，即混淆了思考的我與真實的我。思考的我是個抽象概念，因為它獨立於經驗之外。這裡的錯誤在於相信思考的我可以認識他自身。

理性心理學[1]中的辯證幻相（der dialektische Schein）[2]建立在把一個理性理念（一種純粹理智的）與一個在所有方面都尚未確立的、有關一般思維存有者的概念的混為一談之上。通過抽掉一切現實的經驗，我將我的自身思維成一個可能的經驗，並且由此推論出，我即使是在經驗和在經驗性的諸條件之外，也能夠意識到我的實存（Existenz）。如此一來，我就把一個針對我經驗性所確立的實存所作的可能抽象和一個假想被分離出來的、有關我思想本身的可能意識混為一談了。由於我在思想中能夠擁有的僅僅是意識的統一性，而此意識的統一性又往往作為知識的單純形式而成為一切規定的奠基基礎，我因而相信，可把在我之中的實體性的東西（Substantiale）[3]視為是先驗主體[4]。

1 | La psychologie rationnelle：一個運用理性概念的思維方式，這個思維方式想形成一個真實事物的認識來對應於此一理性概念。
2 | L'apparence dialectique：依據抽象意見就做出的膚淺推理。
3 | Moi de substantiel：本身便真實存在著的事物，獨立於自身之外的任何事物。
4 | Sujet transcendantal：被認為獨立於一切感覺直觀的我。

康德，《純粹理性批判》第二卷，第一篇〈純粹理性的謬誤推理〉，「心理學謬誤推理之解決的結論」B426-427，根據原文校譯。

Q：為何思考的我是一種形而上學知識？

### 社會學的知識針對的是外在行為

**文本閱讀4-3**

涂爾幹

艾彌爾‧涂爾幹 Émile Durkheim
1858-1917

關於人類的社會學知識是客觀的。它把人視為客體，獨立於一切個別的內在性之外，亦即從人的行為的外在性來看待人，這樣的行為服從於具有強制性（coercitives）[1]的社會法則。

1 | 壓迫性

如果我不順服這個世界的慣例，如果我在穿衣服的時候，完全不考慮我的國家或是我的階級所接受的用法，那我所激發的笑聲，人

們對我的疏遠，確切來說，都會產生和處罰相同的效果，儘管較為輕微。此外，這樣的束縛雖然只是間接的，卻還是有效力。我並不是非得跟我的同胞講法語，也並不是非得使用合法貨幣，但我卻不可能不這麼做。如果我試圖逃避這種必要性，我的企圖就會悲慘地失敗。在產業中，沒有什麼禁止我用上個世紀的程序與方法來工作；但如果我這麼做，我肯定會毀了自己。事實上，即使我可以擺脫這些規範，並成功破壞這些規範，也絕不是一定非得對抗這些規範不可。儘管這些規範最終被戰勝了，透過它們反饋的抵抗力，還是足以讓我們夠清楚地感受到它們的力量。沒有哪個革新者（包括幸運的）的事業，不會不遭遇到這類反對。

因此，這就存在著一種事實間的秩序，這些事實呈現出各種極為特別性質：這些性質由許多外在於個人的，具有強制力量的各種行動、思考、感受的方式所構成，並出於這種強制的力量，這些特別性質被強加在個人身上。再者，這些性質不應與所有的官能現象相混淆，因為這些性質建立在認知與行為之上；也不應與心理的現象相混淆，這些現象只存在於個人意識中，也只藉由個人意識而存在。因此，這些性質便構成了一個新的種類，而這些被稱之社會的就要被賦予並保留給這些性質。這些性質被稱之為社會的是恰當的：因為很顯然，這些性質並不以個人為基礎，它只能以社會為基礎，若非政治社會的整體，就是在該政治社會整體中所包含的部分群體，例如宗教教派、政治、文學派別、專門行業等等。另一方面，也只有這些性質才能被稱為社會的：因為社會這個詞的意義，只有當它所指涉的現象不屬於任何已經被建構且被命名的事實範疇下，才能得到界定。這些現象才因而屬於社會學本身的領域。確實，束縛這個字眼，我們透過它來定義這些現象，但束縛這個字眼有可能會讓某種絕對個人主義的熱心支持者感到不快。因為他們主張個人是全然自主的，但對他們而言，似乎人們總是貶低個人，讓個人感到他所仰賴的並不只是自己。但既然如今無可置疑的是，大部分我們的概念與我們的傾向都不是由我們所想出來的，而是由外在給予我們的，那它們就只能以強加的方式進入我們內在；這就是我們所定義的一切意涵。此外，人們知道一切社會束縛都不必然會被排除在個人的個性之外。

涂爾幹，《社會學方法的規則》，PUF，2004年，5-6頁。

Q1：人類的社會學客觀知識、生物學客觀知識與心理學客觀知識之間，有什麼不同？

Q2：在你看來，關於人的社會學知識，就其對人類行為服從於集體強制（壓制性力量）的研究而言，這樣的社會學知識能讓我們認識人類身上真正屬於人的東西？這種認識，儘管並不排除個體的個性，難道不意味著一方面忽視了情感，另一方面又忽視了自由？

## 對自我的認識是種原初感覺

文本閱讀 4-4

昂西

米歇・昂西 Michel Henry
1922-2002

　　對米歇・昂西而言，笛卡兒在他一開始的反思中，發現了什麼是真正的思想的源頭：一種純粹的感覺。這種感覺並非某種理智直觀，亦非某種感性直觀，而是一種感受（sentiment）。這種純粹的感覺並非朝向某客體的感性感覺。這是純然主觀而內在（內心的）的感覺，朝向自我，這是感受性的感覺。對自我的認識因此是純粹的對自我的感受性經驗。儘管我所想的以及我所感覺到的客體並不存在，但我在想以及我感到自己在想卻是絕對真實的。這種認識並非形而上的，亦非理智的，而是種開顯（manifestation），亦即某種經驗。米歇・昂西的哲學是種現象學。它並非通過抽象概念，而是藉由主觀體驗進入真實。

　　At certe videre videor[1]——至少似乎就我看來，我看見[2]。笛卡兒提出這個看法，不論這個看法是多麼似是而非，但它至少存在。但存在是什麼？根據笛卡兒主義一開始的預設，存在（exister）、存在（être）意指顯現、顯示。Videor 指的不是別的。Videor 指的是原初的相似[3]，意即顯現並出現的原始能力，正是因著這種能力，視覺（vision）在一開始才得以對我們有所顯示並出現，無論其可信度如何 [⋯] 它被接受為我們所見是合適的，無論我們所見或相信所見或我們所見本身為何。[⋯] 作為視覺，認為它有可信度是合適的，不管這可信度是來自於視覺所看到的或是以為所看到的東西以及來自於視覺它本身的可信度。

　　[⋯]「似乎就我看來，我看見、聽見、並且感到溫暖，這的確就是在我之內被稱之為感受（senti）的東西，當我要準確地理解它，這不是別的東西，正是思考（pensée）。」

　　因此，正是透過感受，笛卡兒破解了在 videor（似乎就我看來）中所表達的顯現的原初本質，以及被詮釋為終極基礎，亦即，就像感受一樣，思考將隨著從自身展現為自身之所是的某種顯示出來的靈光閃現（fulgurance），不可遏抑地展開，[⋯] 笛卡兒一再表明，我們感受到我們所思考的，我們感受到我們所看見、我們所聽見、我們會感到溫暖。而正是這種原初的感受，就它是其所是，是這種與自身同一的純粹表象、這純粹表象確切地與界定這個存在之所是等同起來。我感受到我思考，因此我存在。看見，是思考著的看見（penser voir）[⋯] 但思考著的看見，是感受到我們看見。Videor（似乎就我看來），在 videre videor（似乎就我看來，我看見）中，指的是這種內在於看見的感受，它使自身成為實際的看見，一種感到自己看見的看見。

米歇・昂西，《精神分析的系譜學》，PUF，2011年，26-29頁。

1 ｜ Videor 在拉丁文意指「被看見」、「看起來似乎是」的意思。

2 ｜ 審定注：昂西這裡所討論的是關於笛卡兒《沉思錄》〈第二沉思〉，請參考文本閱讀 4-1 的最後一段。

3 ｜ 最初的顯示。

米歇・昂西區分了感覺（la sensation），即對於某客體的可感覺經驗，與一般認為的情感（le sentiment），視為從主體自身它所感覺不到的經驗。

Le videor（似乎就我看來）因此就顯示了情感，而 le videre（我看見）則顯示了感覺。從這個區分出發，請討論這個表述：我感到我在思考。

# 藝術

## Q：藝術中理論的定位為何？

區分印象主義與表現主義

**文本閱讀**

克利

保羅‧克利 Paul Klee
1879-1940

保羅‧克利的現代藝術理論主要在於區分印象主義的被動性與表現主義的主動性。這種主動性是形式上的創造。印象主義想要從客體當中解放出來，以此提供對世界原初的觀看。表現主義想透過對事物的變形，來強調表現的強度。

要討論表現主義，首先必須先回溯到印象主義。[…]

這兩者都提出某種作品誕生的決定點：對印象主義來說，是接受到自然印象的那一剎那；對表現主義來說，這個剎那，是後來的，它往往不再能一一表明後者與前者完全的同質性，那個接收到印象所描繪的剎那。[…]

從自然出發，我們在印象主義中立刻就認出某種更單純、更直接的態度，以及在更限縮的視野當中。印象主義被動地對自然敞開，它在視覺上完全開放的狀態中處理自然，試圖在其視覺效果中認識它。很顯然，這種方法可以為藝術提供具有重大吸引力的材料，但那是供人思考的材料。環境空間、帶有空氣感的透視（la perspective aérienne）及其法則顯示出一些新的色彩與重量的比例，但僅限於在每個特定情況下正確辨識出這些比例，並且帶有品味地使用它，也只能激發出擴大意義下的自然主義風格。

這種風格，我們不久前才指責它走得太遠，我們如今反而覺得它停留在對形式的觀察，而沒有提升到對形式的積極建構中。

表現主義態度的主要結果之一，事實上就是將建構（la construction）提升到表現手法的層次、其操作上的堅持。純粹的印象主義忽視建構。它試圖給予外在世界的顏色現象某種未經加工的狀態，讓藝術家的性情決定選擇與強調什麼。相反地，先前某些時期所突出的是建構的主導地位，但是把建構視為如同鷹架一般：是手段而非目的。[…]

克利，《現代藝術理論》（*Théorie de l'art moderne*），Denoël-Gonthier出版，1980年，9-10頁。

| 保羅‧克利，《教堂的綠色尖頂》（*La flèche verte de l'église*），1917年，油畫，私人收藏。

## 藝術理論

藝術理論是對某種作品產生方法的界定。作品可能有諸多可能的目的。可以是美的展現、某種新的觀看方式，或是體驗真實的展

現，或是創造某種對觀看者的效果。藝術理論按照特定目的，界定某種產生作品的方法。理論在此有直接的實用目的。

## 藝術創作

理論是抽象思考。藝術作品，相反地，則是物質性的具體實在。理論經過反思與規劃。然而，相反地，藝術作品需要自發性與創造性。自發性即反思的闕如，而創造性則是生產某種新的事物。

---

**練習：藝術創作理論是否存在？**
1. 印象主義的目的與表現主義的目的有何差異？
2. 在印象的消極性與表現的積極性之間，哪個更會是藝術性的態度？
3. 藝術作品難道沒有自身的豐富性，而這種豐富性是不可化約到其理論的？

---

### 關鍵字區分

理論（en théorie）／實踐（en pratique）

理論是對於讓行動得以可能在方法上的思考。實踐是運用理論工具而行動的事實本身。例如：政治行動的理論與政治行動並不是同一件事。行動要直接面對理論沒有預見的情境。

人認識到的實在是否受限於自身？

練習1：掌握詞彙

　　分析下述表述與一般的語句，並區分為理論的、經驗的與論證的哲學概念：

a.「確實在理論上是這樣，但在實踐上卻比這更為複雜」

b.「這是個經驗豐富的人」

c.「讓他們自己體驗」

d.「從某個經驗中獲益」

e.「一個勇氣或資格的證明」

**練習1試答**

表述 a：我們經常將理論與實踐對立起來，即認為理論代表難以實現的抽象概念。確實，一個理論要有效，就不應與實踐經驗相矛盾，但哲學也說明了實踐經驗乃是理論所引導，而永遠不是獨立於理論之外的。

表述 b、c、d：經驗在一般意義上是過去一切經歷與習慣的整體，能給我們某種做事的訣竅，因而形成某種智慧，這個智慧根植於多元而偶然的經驗當中（感受的、職業的、文化的）。在哲學的意義上，經驗是使知識成為可能的事物：無論是作為出發點（感官接收到的知覺現象），或是做為檢證我們假設的判準。

表述 e：證明在一般意義上是讓某種品質能被看見，亦即證明某物。一切哲學的重點都在於區分實驗證據與理性證據，並檢視它們彼此之間以及它們與事實之間的關係。

練習2：區分兩個概念

　　我們區分理性證據（preuves rationnelles，如數學論證推論所得出）與物質證據（preuves matérielles，我們可以體驗到的，無論是在當下生活或是在讓行動服從於某個實驗規則的實驗室中）。對於理性證據，我們使用「論證」（démontrer，甚至是先天證據，獨立於經驗），而對於物質證據，我們會說我們能顯示（montrer）。

　　下述學門建立在哪一類的證據之上？請分類並填入表格：

　　代數—生物學—醫學—宗教—歷史—幾何學—機械—社會學—人類學—精神分析—邏輯。

　　請證成您的分類。

| 理性證據或是<br>先天證據論證 | 物質證據或是<br>後天證據（*a posteriori*）證明 |
|---|---|
|  |  |

## 練習 3：引文分析

「如果，一方面，所有實證理論（théorie positive）都必然應該建立在觀察之上，那另一方面，同樣明顯的是，要進行觀察，我們的心靈就需要某種理論（théorie quelconque）。」

——奧古斯特・孔德

1. 為何我們可以說，觀察鳥的飛翔以猜測未來，需要某種理論？
2. 關於可建立科學理論的觀察，你可以提出什麼例子？
3. 在「某種理論」與「實證理論」之間必須有什麼區別？

### 練習 3 試答

1. 古希臘羅馬時期的占卜行為，假定了神對人類命運所採取的行動，以及對於宇宙與人之間的某種符應的信仰。這些觀察的結論是不理性的，卻與對現象的宗教解釋相一致。
2. 伽利略造了一個傾斜的平台，讓球滾下來，根據時間測量距離，以建立物體掉落的法則（在移動距離與移動時間平方之間的恆定關係）；伽利略觀察到月的圓缺與太陽黑子，並用不變的世界（天體的世界）與受變動影響的世界（地上的世界）兩者相對立去揭穿希臘宇宙理論的謊言，也觀測到木星的衛星，這加強了他對日心說的信念。
3. 無論是什麼理論，指的都是事實之間關係的解釋體系（無論是宗教理論還是形上學理論：例如靈魂與身體合一的理論，試圖解釋思想對行動的影響）；一項實證的理論是個科學理論，它尋求的不是事物為什麼發生，而是它如何發生。

## 練習4：哲學問題分析

狄德羅在此以哲學史上的知名問題「莫利紐茲問題」（problème de Molyneux）作為總結。這個問題與十八世紀的某個醫學進展相關：可能讓天生盲人獲得視力的白內障手術。

我們假設一個天生的盲人，在成長過程中被教導要透過觸摸，來區分同一種金屬、大小大約相同的立方體和球體，好讓他在觸摸兩者時，能夠說出哪個是立方體，哪個是球體。我們假設立方體和球體，都擺在桌上，而某天這名盲人獲得了視力；然後我們問他，在看到而不觸摸這兩個物體時，他是否能夠區分並說出哪個是立方體，哪個是球體？

狄德羅，〈關於盲人的書簡〉，收錄於《哲學著作》，Garnier出版，129頁

Q1：我們的感官是獨立運作的，還是自動地共同運作的？這些感官在認識中所扮演的角色為何？
Q2：研究工作：請查找洛克、莫利紐茲、切賽爾登（William Cheselden）與孔迪亞克（Étienne Bonnot de Condillac）對這個問題的不同回答，並特別注意回答的論證方式。
Q3：是否一定要學會去看？

## 練習5：理解文本

科學史學者可能會想這麼寫：當典範（paradigme）[1] 轉移時，世界也隨之轉變。在新典範的引導下，學者採用新的工具，他們的目光也轉向新的方向。更重要的是，在科學革命期間，科學家意識到新而不同的事物，然而他們卻用熟悉的工具去注意他們已經檢視過的地方。這有點像是這一群專家突然被轉移到另一個星球上，在其上，熟悉的事物在不同的光線下顯現，伴隨著其他未知的事物。[…] 典範的轉移使得科學家在他們的研究領域中能以完全不同的眼睛來看事物。

湯瑪斯·孔恩（Thomas Kuhn），《科學革命的結構》，
L. Meyer譯本，「Champs」叢書，Flammarion出版，2008年，157頁。

Q1：就孔恩的論點而言，如下說法為何可能是錯的？「隨著可用工具的演變，科學家可以對實在有不同觀察，而他們看到了新的現象。」請準確引用文本來證成上述說法，並解釋你的引文。

| 1 模式。

Q2：從文本的要素出發，你如何定義科學革命？

### 練習6：找出文本的問題

　　如果我們想要對於帶給我們事實確定性的明顯性本質感到滿意，就必須研究關於原因與結果的知識究竟從何而來。

　　我要大膽提出一個沒有例外的一般命題：我們關於因果關係的知識，在任何情況下都不是從先天推理獲得的，而是完全產生於經驗，即產生於當我們看到一切特殊的對象經常彼此連結在一起的那種經驗。一個人不管他天生擁有多麼強烈的理性和才能，如果在他面前的對象對他來說完全是新的，那麼，即使他極其精細地考察它的可感性質，也不能發現到關於這個對象的任何原因和結果。即使我們假定亞當的理性官能一開始就是十分完美的，他也不能從水的流動性和透明性，就推論出水會讓他窒息；或者根據火的光明和溫暖，就推論出火會把他化為灰燼。任何對象都不能藉其呈現於感官的性質，顯露出產生的原因或由之而生的結果。我們的理性如果離開經驗的幫助，也不能作出關於真實的存在和事實的任何推論。

休謨，《人類理解研究》，1748年，A. Leroy譯本，「GF」叢書，Flammarion出版，1983年

Q1：先天推論與經驗有什麼差異？

Q2：亞當的角色為何？為何休謨使用亞當來解釋他的看法？

Q3：根據休謨，因果關係並非放諸四海皆準的必然法則，而只是習慣的結果（看見一個現象接著另一個現象，並不能讓我們認為前者是後者的起因）。你認為是否有可能不考慮因果法則？對科學方法而言，這難道不是個問題嗎？

練習解釋文本：尋找文本的主題、命題與問題。

### 練習7：發現文本的問題

　　經驗主義者 (Les empiriste) [1] 像螞蟻，只會採集和使用；理性主義者 (Les rationaliste) [2] 像蜘蛛，只憑自己之力來織成絲網。蜜蜂則採取適中的方法，在庭園和田野的花朵中採集它的材料，再用自己的能力加以轉化和消化。哲學的真正任務正是如此，它既非完全或主要依靠心靈的能力，也非只從自然歷史和機械實驗收集來的材料原封不動地堆積在記憶當中，而是轉化和消化後放置在理智之中。

法蘭西斯・培根，《新工具》，1620年，M. Malherbe 與<br>J-M. Pousseur譯本，PUF，1986年，156-157頁。

1 ｜ 那些從經驗中獲取知識的人。

2 ｜ 那些只運用理性的人。

培根區分了三種方法。

a. 經驗主義的方法，即收集經驗上觀察到的事實。

b. 理性主義的方法，提出以理性或是理智所深思出的理論。

c. 連結兩種能力的方法，即將經驗材料交由理智來檢驗。

請以這些指示來檢視培根的命題，並說明文本有何問題。

練習8：分析主題

以下是下述主題可能的問題意識，以圖表形式呈現。

主題：「沒有理論知識之外的知識嗎？」

下面的圖表得自於對主題的分析，請回答圖表中的問題。

沒有理論知識之外的知識嗎？

主題的預設：知識是理論性的

我們是否能談論實踐的知識？

就理論抽象的意義而言

就理論作為觀念系統而言，人類心靈為了要解釋各種現象所形成的諸多概念

在什麼意義上這句表述是矛盾的？

實踐與經驗是同一回事嗎？帶有經驗的人所能達到的是哪一類的知識？那做實驗的科學家呢？

練習9：分析作品

Q1：我們是否能說一次公開展示是科學實驗？

Q2：你如何看待觀察者的服飾與做實驗者的服飾？你可以從中推斷出什麼關於科學實踐的演變的事物？

Q3：今天科學家如何散佈他們研究的結果？我們是否還需要這一類的公共展示？

Q4：醫學是科學領域中的特例：我們難道不能說「治療，是一種實驗」（喬治‧岡圭朗[1]）？為什麼？

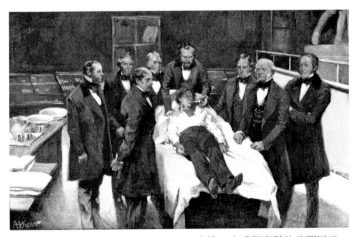

| 第一次手術麻醉的公開展示，波士頓，美國，彩色版畫，十九世紀。

1 | 譯注：Georges Canguilhem（1904-1995）是法國哲學家，專長為知識論與科學哲學。

## 綜合整理

科學知識是種抽象的知識。它是由理論所構成，是嚴格的知識，可透過論證與實驗來證實。

**提問** ── **Q1：如何證明科學知識的真實性？**

**癥結**
證明，就是展現某個理論為真。

**答題方向**
對笛卡兒而言，證據是直觀的，是種智性上的經驗。
對克勞德・貝爾納而言，證據是歸納的，是種感官經驗。

**引述**
「我所理解的直觀是 [⋯] 一種認知，是智性上所表現出純粹而專注的事實。」（笛卡兒）
「經驗是人類知識的唯一來源。」（克勞德・貝爾納）

**提問** ── **Q2：人類的知識是否受限於感官經驗？**

**癥結**
經驗是對實在的直接認識。

**答題方向**
對柏拉圖而言，經驗是沒有界限，能觸及絕對。
對休謨而言，經驗，知識的唯一來源，是受感官限制的，而且無法觸及絕對。
對康德而言，本體的概念能讓我們了解到經驗不會是知識的唯一來源，經驗是受到感官所限制。

**引述**
「因此只有辯證法是唯一的方法，可以拒絕了各種推測，上升到原則。」（柏拉圖）
「所有的印象，亦即一切感官，不論是內在還是外在的，都是強烈而鮮活的。」（休謨）
「因此，某種本體的概念只是一個限定性的、用以束縛感性的諸多企圖。」（康德）

## 提問　Q3：什麼是科學理論？

### 癥結

一個理論是個抽象概念的體系。

### 答題方向

對孔德而言，一項科學理論是種放棄認識絕對而滿足於認識 [ 現象 ] 法則的思想。

對波普而言，一項科學理論是種嚴謹的知識，可以同時證實與否證某個感官經驗。

### 引述

「在所有地方，確切而言是在各種起因的無從獲得的確定性上，代之以對各種法則的單純探詢。」（孔德）

「某個屬於經驗科學的體系，應該要可以夠被經驗所駁斥。」（波普）

---

**請找出處理下列各主題的科學範例。**

- 「是否有論證以外的方式來建立真理？」（科學組，2008）
- 「經驗是否能解釋某些事物？」（科學組，2006）
- 「哲學是否能迴避對科學的反思？」（人文組，1999）

# 3 | 詮釋

詮釋的藝術

| 卡拉瓦喬（le Caravage），《女算命師》（*La Diseuse de bonne aventure*），約1598年，油畫（99×131公分），收藏於巴黎羅浮宮。

| 一般看法 | 思考之後 |
| --- | --- |
| 詮釋只涉及詮釋者 | 詮釋是高尚而有用的活動 |

長久以來，占卜的技藝就被視為詮釋技藝的典型。人們認為水晶球能顯示未來，但它用扭曲的方式來反映現實。要怎麼做，才不會被水晶球的影像所誘惑，只看到自己想看的東西呢？當我們說那不過是種詮釋，我們指出的是詮釋具有的臆測與片面性特徵，我們預先質疑其客觀性。每種詮釋都能與無限多種詮釋並陳。我們也認為屬於詮釋的事物，留下了模糊與誤解的空間。至於試圖詮釋一切的人，我們會說他在鬼扯或是瘋了。

詮釋的技藝已經失去了古代的某個神奇面向，並重新出現在社會生活的各種具實用價值的活動中。例如儘管醫生得助於各種工具與理論知識，仍得詮釋病患的症狀才能確診。至於好的法官，不能僅止於泛泛地援引法律，還得經常進行詮釋，才能尊重法律的精神。詮釋表現出某種智慧的形式，也能闡明或是豐富文本或是作品的意義。詮釋取決於知性的步驟，運用嚴格的方法、能力與經驗，這和一般對詮釋的認知是有所出入的。

# 所有詮釋都有不確定的特性，
# 對事實的詮釋是否因此變成無用的、
# 甚至是危險的？

## 從定義尋找問題意識

### 定義

> 詮釋指的是確立某項行為、某個事件、某個符號或是某件作品的意義，預設了直接給定的意義背後，還有一種或多種隱含的意義。

### 確立意義

　　一個詮釋並不滿足於假定一種涵義的存在，而是意味著漸進式的探究與理解的方法。詮釋者應有能力證成自己的詮釋。

### 某項行為、某個事件、某個符號、或是某件作品

　　人們可能可以對所有事物做出詮釋。然而，某些情境或是人類活動比起其他事情，更需要詮釋，因為人們會猜測其隱藏的諸多涵義。例如：在大部分的藝術作品中，藝術家會賦予作品某種神秘面向及多義性（接受多種意義並存）的向度，激發各種詮釋。這同樣適用於許多宗教儀式，這些都是相當體系化且神秘的。

> 「詮釋是種思想工作，即解讀出隱藏在表象意義底下的意義。」（呂格爾）

### 預設在直接給定的意義背後，有一種或多種隱含的意義

　　詮釋者假設，事物某部分的涵義並未直接給出，需尋找表面現象背後的確切原因。例如：在病患身上，同樣的病徵，像是發燒，可能是不同疾病的徵兆。詮釋也可以對影像或敘事給出抽象意涵。例如：在希臘神話中，普羅米修斯因為從諸神偷了火而遭罰。經過詮釋後，這個神話說明了人類的自大以及渴望掌握自然所產生的諸多後果。

## 定義提出什麼問題？

　　定義顯示了，詮釋是客觀上可認定的事物，通往純屬假設的事物的操作過程。因此，詮釋都會有的不確定風險，只屬於發表詮釋的詮釋者。然而，如果某些詮釋是根據某個客觀方法建構得來，這些詮釋可能比其他詮釋更為有效。▶ Q1：詮釋是否都是任意的？

　　定義假設了許多與人類活動相關的情境，類似於某種需要知道如何詮釋的語言。人們可能會認為，一切情境都可以也都應加以詮釋。但想要詮釋一切的欲望，可能導致的風險就是，非得為所有事物都賦予某種意義，甚至只按照單一的假定來詮釋一切，而忽略每個情境的複雜性。▶ Q2：所有事物都需經過詮釋嗎？

# 問題思考

## COURS

### 關鍵字區分

武斷（arbitraire）在此是指某種個人決定，或許導致一個人對這個決定提出異議。

### 關鍵字區分

**主觀的（subjectif）／客觀的（objectif）**

一個詮釋是主觀的，是因為進行詮釋的人，參雜了一些與自身經驗、信念和想像的假設。一個詮釋要成為客觀的，應該要限制在那些可讓所有人觀察的訊息上，並以共同的方式去理解這些訊息。

### 關鍵字區分

**相對的（relatif）／絕對的（absolu）**

一個詮釋是相對的，是因為它連結於某種觀點，而它是從這個觀點出發來表達自身。根據尼采的看法，在道德上或甚至是美學判斷上，一項詮釋不可能是絕對的。

## Q1：詮釋是否都是任意的？

當界定某個情境的明顯特徵，不足以解釋該情境的時候，這個情境就需要詮釋。例如：單從犯罪現場很難判定犯人身分，必須尋找各種跡象並加以詮釋。這全是建立在某些假說的基礎之上，也因此就是建立在某種武斷的觀點之上。各種詮釋的多元性，難道不都是一直存在的嗎？

### 1. 一個事件或是一個論述經常有多種詮釋方式

某些情境不需要任何詮釋，因為它有清楚而直接的意涵。例如：紅燈禁止駕駛人繼續前進。抽象的概念、感受或是感覺印象更難以得到共同的定義。例如：兩個人不會以同樣方式界定藍色與淺藍色之間的界線。

各種觀點的主觀特性不會因為使用共通語言而消失。蘇格拉底指出，某些字眼留下了極大可供詮釋的邊界（▶見文本閱讀 1-1，62頁）。各種話語的特性正是「玩弄文字遊戲」。

### 2. 一個人的詮釋，取決於他的信念與偏好

每個人對於世界的主觀感知讓人認為「一切都只是觀點的問題」。永遠都有多樣觀點，每個人也都用自己的方式來詮釋實在。例如：在運動的競爭中，有爭議的決定，永遠都會是雙方支持者的討論主題。根據尼采的看法（▶見文本閱讀 1-2，62頁），關於真、善、正義等各種價值，我們應該拒絕給予客觀論述。每個觀點都只是表達某種局部的視角，我們無法從任何觀點出發來建立絕對真理。

### 3. 詮釋是可以討論與挑戰的

人們可能會認為，詮釋的特殊性格，使得任何論證性的討論都變得不可能。事實上，能夠被制服和打敗的詮釋是更好的詮釋。例如：人們在白板前或是電影結束後彼此交換意見。某個詮釋若成為討論的對象，會讓自身更精確、更一致，更因他人的判斷而更豐富。高達美（▶見文本閱讀 1-3，63頁）說明了詮釋的相對特性，鼓勵批判性的討論，也促進人們從更全面的觀點來探究。

詮釋純然任意的面向，因此可被超越。透過有系統的論述組織並結合專家的不同觀點，可得出一些共同的詮釋，而其客觀性亦可得到承認。人們因此可避開「所有主張都有價值」這種相對主義立場。

# Q2：所有事物都需經過詮釋嗎？

**如果我們可以將某個人的行為賦予不同於他所意識到的意義，或是如果某個事件可能具有某種隱藏的意義，那我們就會想對一切做出詮釋。**

## 1. 詮釋的工作豐富了人類的存在

　　詮釋並不滿足於「沒有什麼好理解的」的狀況，即某個行為的進行是「偶然」或「沒有理由」的情況。在直接的意義上加上某個假定的意義，並接受多種詮釋的共存，詮釋的技藝豐富了實在，同時也滿足了想像與智性的好奇。例如：神話以各式各樣存在物和超自然事件豐富了現實，但這些神話也為自然事件提供了某種解釋。人在衡量這些情況時，可以從自己的反思中豐富他所察覺的事物。康德（▶見文本閱讀2-1，64頁）描述我們在場所與對象面前所體驗到的愉悅，這些場所與對象以令人好奇或奇特的外貌，激發進一步的詮釋。尤其是藝術，還有宗教儀式與場所，為我們提供了這種可能性。

## 2. 詮釋一切可能是有用的

　　詮釋工作受人類活動所激勵，這些活動彰顯了對世界的表述與描繪之努力。例如：藝術活動乃至於宗教儀式。象徵的向度在其中是直接可見的，並且要求詮釋。但為何要把詮釋的努力限制在這樣的活動上呢？我們可以假設，所有人類的行為都可以詮釋，包括日常生活中的行為。例如：遺失某個我們覺得很重要的物品，或是說出某個字詞去取代另一個字詞。如果人們承認一個人會部分忽略其行動或是意圖的原因，佛洛伊德（▶見文本閱讀2-2，66頁）所分析這些日常生活事件就會有新的意義。

## 3. 詮釋的努力應該避免意識形態偏差

　　為了提高客觀性，詮釋人類行為整體的計畫就得有系統地組織起來。例如，佛洛伊德精神分析的基礎，便是假定人類的無意識衝動影響著思想和行為，其中以伊底帕斯情結的假說為要。至於馬克思主義，則是將個人與社會的一切行為連結於階級鬥爭。他認為一個時期的政治、宗教等信念或主張，應該從該時代的社會經濟關係出發來詮釋。例如：社會上的優勢階級能間接得利於宗教信仰。

　　這樣的詮釋原則有助於在人文科學中建立嚴格的方法。但這些原則也具有某種風險，人們有可能只會系統地運用這些原則，卻排除其他理解世界或證成行動合理性的方法。這就違背了詮釋本身的概念，也違背詮釋所包含的觀點多樣性（包括科學）。波普解釋，企圖達成科學客觀性的詮釋性假說，就應該能被驗證（▶見文本閱讀2-3，66頁）。

---

**關鍵字區分**

**原因（cause）／目的（fin）**

我們對某事件的解釋可以透過原因，但也可以透過目的，亦即各種意圖、各種試圖達到的目標。當某人遺失一個東西，他並不是故意要遺失，但詮釋工作可用背後無意識的原因來解釋該物的遺失。

**定義**

> 意識形態（L'idéologie）不應與一切形式的理論或是學說混淆。它是指以某個獨特的解釋性原則為中心，去發展出對整體世界的全套認知。如果意識形態被用來證成言說與行動是有道理的，卻又排除人們質疑這些道理的可能，那麼意識形態就有可能變成教條性的。

**定義**

> 伊底帕斯情結（complexe d'Œdipe）是佛洛伊德所提出的詮釋性假說。根據這個假說，所有嬰兒都無意識地將性衝動與謀殺衝動投射到自己的父母身上。希臘神話的主角伊底帕斯，發現自己在不知情的情況下殺了自己的父親，又與母親同床。

**定義**

> 階級鬥爭（la lutte des classes）是種假說。根據這個假說，歷史的演進乃是由有利益衝突的社會階級所決定。根據馬克思的想法，個人受到這種鬥爭的影響，遠甚於自己所能意識到的。

# 哲人看法

TEXTES

文本閱讀 1-1

柏拉圖

柏拉圖 Platon
公元前 427-347

## Q1：詮釋是否都是任意的？

要超越字詞、影像與印象的曖昧模糊性似乎非常困難。每個人在採納自己的詮釋時，甚至完全沒有意識到自己正在進行詮釋。

### 某個言說之詮釋的邊界

　　蘇格拉底與斐德羅試圖界定某個用於表達真理的話語之特性。一個字詞的意涵可以是相當模糊，並可能被不同人理解成不同的事物。所有言說豈不都受詮釋所支配？

　　斐德羅：「我想我理解你所說的，但請說得更清楚些。」
　　蘇格拉底：「當我們說『鐵』或是『銀』這個詞的時候，我們心裡想的是同樣東西，是吧？」
　　斐德羅：「絕對沒錯。」
　　蘇格拉底：「那當我們說『正當』或是『不義』這個詞的時候，用法是否不同？我們會彼此甚至對自己表示不同意，是吧？」
　　斐德羅：「完全正確。」
　　蘇格拉底：「因此，在某些事物上我們彼此同意，在另外一些事物上則非如此。」
　　斐德羅：「確實如此。」
　　蘇格拉底：「在這兩個例子裡，哪一個讓我們更容易搞錯？哪一個所運用的修辭學 (la rhétorique) [1] 擁有更大力量？」
　　斐德羅：「顯然是那些能讓我們的意見為之飄浮不定的事物。」

柏拉圖，《斐德羅篇》，L. Mouze 譯本，口袋書，2007 年，278 頁。

1 | 修辭學是透過話語去說服他人的技藝。它運用許多技巧，在古希臘羅馬時期高度發達，特別是在法院與政治集會上。

Q1：請準確指出並證成蘇格拉底對字詞所區分的兩個範疇。
Q2：「我們的意見飄浮不定」指的是什麼理念？修辭學可能由此情境獲得什麼利益？
Q3：被包含語言中的詮釋邊界，會對共同理解造成哪些障礙？

文本閱讀 1-2

尼采

費德利希・尼采 Friedrich Nietzsche
1844-1900

### 每個詮釋都有賴於所採納的觀點

　　根據尼采的看法，所有人都是從個人的偏好出發來描繪現實，這是他所謂的「評估」(évaluation)。沒有任何理由讓人認為，對世界的某種特殊觀點會比其他觀點更為客觀。一個詮釋只有從它所採取的視角 (perspective) 出發才能成立。

我們新的「無限」。──存在（Dasein）的視角[1]之特性延伸得有多遠，或者甚至它是否還有其他任何特性，或者是否存在沒有「解釋」、沒有「意義」並不會就恰恰成為「荒謬」，另一方面，或者是否並不是所有的存在根本上都是一種解釋的存在──合理的，這一切即使透過理智最勤奮的、最認真嚴密的分析以及自我檢驗都無法被澄清：因為在此分析中，人類的理智不得不以它的視角之形式認識自己，並且只在視角的形式中[認識自己]。我們無法環視我們的角度：想要知道對於其他種類的理智與視角而言還可能存在著什麼，這是一種沒有希望的好奇：舉例而言，是否有某些生物能夠以倒轉的方式，或是以前進、後退交替著的方式，來感知時間（如此，就會有生命的另一種方向以及另一種因果概念）。但是，我想我們現在至少已經遠離了這種可笑的厚顏無恥，遠離了從我們的角度宣布只允許由這個角度獲得視角。更確切地說，世界對我們而言再次成為「無限的」：只要我們無法駁斥世界包括了無限的詮釋這個可能性。

尼采，《快樂的科學》374節，KSA3 626-627，根據原文校譯。

**特殊（particulier）／普遍（universel）**

某種觀點是特殊的，是因為它只有從自身出發才能成立。而普遍則是指在所有地方、所有時間裡的所有人都是有效的。如果每個個人都有自己對世界的視角或觀點，一個視角或觀點如何能是普遍的呢？

[1] | perspectiviste：尼采懷疑一個人能夠超越自身對現實的觀點，也就是自身「視角」的特殊性質，他稱之為「存在上視角性的特徵」。

---

**理解命題的論據──文本閱讀1-2**
**命題：**每個詮釋都是相對的，比較不同個人的詮釋並無意義。
**論據一：**一個視角（觀點）只有從自身出發才有效。▶Q：為何自此不可能主張某個詮釋優於另一個？
**論據二：**對世界的視角（觀點）具有無限的視角（觀點），我們甚至可以想像虛構的視角（觀點）。▶Q：文本中給出了什麼虛構視角（觀點）的例子？
**確實理解了嗎？**為何，對尼采而言，詮釋的多樣性讓世界變成「無限的」？為何覺得某種詮釋優於其他詮釋會是「厚顏無恥」的？

**定義**

詮釋的希臘文「*hermêneuein*」意指翻譯、解釋、表達。這種活動最開始是針對神話學與猶太─基督教中具有奧秘特徵的傳統文本。但如果字面上的意義遮掩了非信徒所未接收到的靈性意涵，那就會進入這樣的循環：必須相信奧秘才能理解奧秘，而理解奧秘是為了相信奧秘。這便是詮釋學循環（cercle hermêneutique）的概念。

---

*真正的詮釋需要與他人的討論*

在本文中，高達美界定詮釋者與他人的判斷之間所應建立的關係。良好的理解與接受批判性討論，是真正詮釋技藝的條件。

然而，詮釋學（L'hermêneutique）[1]總是包含了一個要素，這個是單純的修辭學所沒有的：詮釋學總是包含了一種與他者的相遇，亦即遇見他者所表達出來的見解。這種相遇，同樣發生在理解文本的過程中，也及於所有其他文化以文本形式創造的作品。文本必須發揮自身的說服力，才有可能被理解。因此，詮釋學就是哲學，因為詮釋學並不局

**文本閱讀1-3**

高達美

漢斯・蓋奧爾格・高達美
Hans Georg Gadamer
1900-2002

[1] | L'hermêneutique：一種詮釋的技藝。參見「定義」欄位。

2 ｜ Vérité：被認為真實的東西。

3 ｜ La conscience du travail de
l'histoire：意識到歷史與文化脈絡
對某個判斷的影響。

限為一種技藝學說——僅僅「只是」為了理解某個他者意見的技藝。
詮釋學的反思，其實包含更多——一切對於其他事物或某個他者的
理解，必定伴隨了自我批判。一個能夠理解的人，不會認為自己據有
優越的地位，相反的，他會承認自己所設想的真理可受到挑戰。[2] 所
有的理解，都包含了這個要素，因此，每一個理解過程都有助於開展
和續造「作用歷史的意識」[3]。

　　一切有關理解的基本模式，就是對話、交談。每個人都知道，
若有一方參與者堅持認為自己據有較優越的地位，亦即與對方相較之
下，有時自恃優越的一方會認為對方囿於成見，而這些成見早在自己
掌握之中，然而正因如此，自恃優越的一方反而落入了自己的成見。
基本上，當對話的一方並未真正讓交談自由地開展，那麼就不可能有
一場對話的理解。[⋯]

高達美，〈古典詮釋學與哲學詮釋學〉（1968），收於《真理與方法》（德文版下冊：補充文獻），Tübin-
gen: Mohr出版，1986年，116頁，根據原文校譯。

Q1：作者提出某種詮釋與修辭學之間所建立的關係為何？
Q2：我們是否可以理解某種詮釋卻不完全贊同？
Q3：在什麼意義上詮釋學的反思包含了「某部分的自我批判」？

## Q2：所有事物都需經過詮釋嗎？

**許多人類活動都有象徵與讓人迷惑難解的面向，我們可以在其中找
到多元的涵義。但如果許多行為的意義都比表面上所見的更多重，
那是否便需要去詮釋一切？**

**文本閱讀2-1**

康德

依曼努爾·康德 Emmanuel Kant
1724-1804

1 ｜ Facultés représentatives：從邏輯規
則出發來描繪現實的理解力，以及
透過感官印象的形式來描繪現實的
想像力。

2 ｜ Jardins d'agrément：裝飾性的
花園。

3 ｜ Le goût baroque：巴洛克風格的特
徵是對豐盛與對複雜形式的追求。
相反地，接著在文本後面出現的
「鑑賞力」（goût）則有康德所賦
予的特定意義：審美判斷的能力。

4 ｜ Grotesque：怪誕、詭異、乃至
可笑。

*詮釋當中存在著愉悅*

　　在《判斷力批判》中，康德界定了一種特殊形式的愉悅，與他
所謂的「自由遊戲的能力」相關。這種愉悅可在某些情境中，或是
在面對特定客體時體驗到，這類客體令人驚奇的面向會激發去判斷
它們會是什麼的欲望（le goût），並促進詮釋的發生。

　　但是，在只應當讓各種表象力[1]的自由遊戲（而且知性在此不受
任何阻礙的條件下）獲得娛樂的地方，如在王公貴族散步的宮廷花
園[2]裡，在室內的裝潢修飾上，在各式各樣的附庸風雅的器具上，諸
如此類，那宣示自身作為強制的合乎規則性就盡可能地被避免了；因
此，英式庭院的品味，巴洛克式風格[3]的家具，都把想像力的自由發
揮到近乎光怪陸離[4]的地步，並且在從一切規則的強制的擺脫中，確
立了鑑賞能夠在想像力的構想中顯示其最大完善性的場所。

| 羅馬的聖依納爵堂。

　　所有呆板地合乎規則的東西（接近於數學上的合規則性）本身都有著違背鑑賞（goût）的成分。它並不隨著對它的觀賞而提供持久的娛樂，而是，當它不是明確地以知識或某種確定的實踐目的作為意圖時，它就令人無聊乏味。

康德，《判斷力批判》第一卷第一章總附釋 [242-243]，根據原文校譯。

Q1：是什麼連結起康德所舉出的藝術的例子？
Q2：康德對於「呆板的規則性」在審美上的指責為何？
Q3：為何鑑賞力是一種「自由活動」，在其中可以激發詮釋？

───── 文獻資料 *DOCUMENT* ─────

### 品味的判斷

　　康德稱具有審美價值的判斷能力為「鑑賞力」。這項能力並不以任何普世規則為基礎，因為它無法在審美上存在。鑑賞力判斷審美價值，是透過將它從自身及其經驗所得出的判準應用在客體上。康德稱之為反思性的判斷。這種判斷並不建立一種客觀知識。但品味（goût）的判斷並不含私心，並表現為可溝通的：有品味的人會試著分享。品味的判斷豐富我們與實在的關係，它結合了想像與反思，它自動地朝向他人。

**文本閱讀 2-2**

佛洛伊德

西格蒙德・佛洛伊德 Sigmund Freud
1856-1939

*失誤的行為，有待詮釋的行為*

佛洛伊德在此處以一名患者的證詞作為支持，提出一個詮釋，運用了他關於無意識的假說。

　　一名依然年輕的男子跟我說過：「好幾年來，我和妻子的誤解越來越多。我發覺我的妻子太冷淡，我們一起生活，缺乏溫柔，然而這無礙於我去承認她有優秀的特質。有一天，散步回來後，她帶了本她買的書給我，因為她相信這本書我會有興趣。我謝過她的『關注』並向她承諾會讀這本書，接著就把書放到一邊去。結果是我立刻忘記書放在哪裡。幾個月過去後，在期間我數次想起這本消失的書，也試著尋找，卻一直沒有找到。大約六個月後，我深愛的母親生病了，我的妻子立刻離家去照顧。母親的病情惡化，這是我妻子展現她最好的特質的時候。有一天，我回到家裡，看到妻子。我很開心滿意，非常感謝她所做的一切。我進到我的書房，沒有任何確切意圖，卻帶著某種夢遊般的確定感，打開我的抽屜。第一件映入眼簾的東西，就是那本失蹤的書，這麼久以來我一直找不到的那本書。」

佛洛伊德，〈印象與計畫的遺忘〉，《日常生活的精神分析》，Jankélévitch 譯本，Payot 出版，2004 年，<br>160-161 頁。

Q1：這本書是怎麼弄丟的？是怎麼找回來的？佛洛伊德提議的詮釋為何？

Q2：請對所謂的失誤的行為做出一般的定義。

**文本閱讀 2-3**

波普

卡爾・波普 Karl Popper
1902-1994

*排除了錯誤的詮釋*

　　波普接受在自然科學與人文科學之間有某種延續性。相反地，他反對馬克思或是佛洛伊德等作者的傾向，也就是將他們的詮釋性假設轉化為原則上排他且必然的。

　　比較這個例子[1] 與一個理論的例子，這個理論，據我之見，並非可否證的；例如，佛洛伊德的精神分析理論。這項理論無法檢驗，除非我們能夠描述某種與之相反的人類行為。存在著許多可否證的行為理論。

　　[⋯] 不過，我們似乎無法設想人類行為能夠去駁斥精神分析。如果一個人以自己的生命為代價，去拯救另一個人的性命，或是如果，相反地，他威脅一個老朋友――而儘管我們能夠以較不尋常的人類行為來加以想像――這一切都不與精神分析相矛盾。它原則上可以解釋一切人類行為，不論有多不尋常。因此它在經驗上是無法否證

1 | 波普先前剛給出一個可否證的理論的例子：要檢證一項疫苗活動，[是否是科學的，在於它有被否定的可能性，因此] 我們可以界定出一個疫苗接種者卻依然患病的門檻，[作為可以否定它的一種界線。] 如果超過這個門檻，活動就是無效的，甚至是危險的。

的，它是無法檢證的。

　　我的意思並不是說佛洛伊德在許多地方是不正確的。但我想說的是，他的理論並不具有經驗—科學的特徵[2]：它是無法查核的。

波普，《知識理論的兩個根本問題》，Bonnet譯本，Hermann出版，1999年，421-422頁。

Q1：「精神分析在原則上可以理解一切人類行為」。請藉由佛洛伊德在文本閱讀2-2中所分析的例子，說明這項主張。

Q2：當某種詮釋的假設被轉化為絕對真理，會有什麼危險？

關鍵字區分

必然的（nècessaire）／可能的（possible）

不能不存在的事物為必然的，目前不存在但可以存在的事物為可能的。一個科學理論並不會因可能存在的一些例外就必定無效。一項詮釋性原則若把自己當作一貫為真，就排除了這原則所不適用的可能狀況。

[2] ｜精神分析不具有被觀察與科學論證所承認的客觀地位。

定義

根據波普，一項理論如果是可否證的，也就是說，如果有能夠驗證其有效性的程序，這個理論便可聲稱其科學的客觀性。一項科學法則是真實的，那是因為它目前還經得起一切駁斥它的嘗試，但並不排除這種駁斥是可能的。這是可否證性（或是可證偽性）的判準。

# 進階問題思考

PASSERELLE

| 2011年3月福島核電廠爆炸。

### 定義

一項事實是被限定的（déterminé），是因為可以被一些原因所解釋，這些原因決定了事實是什麼，也讓事實是可以被預測的。

---

**文本閱讀3-1**

伏爾泰

伏爾泰
François Marie Arouet, dit Voltaire
1694-1778

1 | 里斯本共有二十萬名以上的居民，該次地震估計約有五萬名受難者。

| 地震與潮汐破壞了里斯本建築。葡萄牙，1755年，彩色版畫。

## Q3：如何詮釋一場災難？ ▶見本冊〈理性與真實〉

科學法則讓我們能解釋——因而能預先發現——一些自然災害的發生。但是否也應試圖詮釋這些自然災害？

### 1. 自然並無意圖

　　在中世紀結束之前，自然災害都被視為上天憤怒的展現，例如《聖經》中大洪水等情節。科學進展使得自然進程所標示的某種目的論觀念大幅失效，同時反過來堅稱這些自然進程有其被限定的的特性。我們能夠透過一系列的因果關係解釋這些自然進程。因此，我們也應該像伏爾泰一樣（▶見文本閱讀3-1，69頁），質疑「自然事件永遠可以根據宇宙的某種善意安排來詮釋」的概念。理解的欲望應該要有以下的實用目的：預見事件並協助人類面對這些事件時能自我保護。

### 2. 自然災難應該藉由其與人類責任的關係來詮釋

　　科技進步與對自然資源的瘋狂開採，已經引發了新形式的自然災害，人類在其中負有責任。例如：氣候暖化的後果，甚至是核能意外。當代哲學家尚—皮耶·杜匹（▶見文本閱讀3-2，70頁）更新了對災害概念的詮釋。人類在面對自然災害時要意識到他對自身與地球的毀滅負有潛在責任。

*災難是沒有什麼隱匿的意義*

　　在1755年，里斯本發生了一場致命的大地震[1]，震撼了整個歐洲。這個事件給了伏爾泰靈感寫下這首詩。在詩中，他拒絕以大自然的善意出發，去做任何詮釋。

受騙的哲學家喊道:「沒事的,一切都很好。」

快來,看看這些可怕的廢墟,

這些斷瓦,這些殘垣,這些不幸的灰燼,

這些女人,這些孩子,一個疊在一個上面,

這些破碎的大理石底下這些扯散的四肢;[⋯]

對他們奄奄一息的聲音尚未形成的哭聲,

對他們骨灰冒煙的可怕景象,

你是否還會說:「這是永恆法則所造成的

這是自由而良善的神所做的必然選擇?」

看見這成堆的受害者,您是否還說:

「這是神的報應,他們的死,是他們所犯之罪的代價?」

這些孩子犯了什麼罪,什麼錯

讓他們在母親懷中被碾碎而血濺四處?

[⋯] 不為所動的觀眾,固執的人們,

從那些眼睜睜看著毀滅發生的垂死弟兄,

你們平靜地尋找暴風的起因:

但當你們從厄運中感受到衝擊時,

會變得更具人性,您們也會和我們一樣哭泣。

伏爾泰,〈里斯本災難之詩〉,1756年。

Q1:請找出那些指涉並抨擊萊布尼茲樂觀主義的詩句。

Q2:根據伏爾泰的看法,在這樣的災難面前,人類應該抱持什麼樣
　　的態度?

———— 文獻資料 DOCUMENT ————

### 樂觀主義之爭

　　在十七與十八世紀,人們試圖調解科學進步與對神之美善的肯定。根據萊布尼茲的看法,世界存在無從解釋,除非我們假設某種創造性的智慧的意圖,而這樣的智慧不可能受惡意所驅使。因此,我們應該從這樣的假設出發來詮釋事件,亦即「我們的世界是所有可能世界當中最好的世界」。人類為惡的傾向或是無辜受害者的死亡,應該從整體和諧的觀點來看,被視為是必然會發生。在《憨第德》(Candide) 當中,伏爾泰諷刺了這種樂觀主義,讓主角遭逢不幸,在這種不幸中,「一切都發生可能的世界當中最好的世界裡」的斷言變得荒謬。

**文本閱讀3-2**

杜匹

尚—皮耶・杜匹
Jean-Pierre Dupuy
1941-

*詮釋災難的新方式*

當代哲學家杜匹分析了二十世紀開始出現的新形式災難。這必須從人類在災難中所擔負的責任來詮釋。

當我們為了避免某一災難，而宣告它正在接近，這種宣告並不具有嚴格意義上的預測地位：它要說的並不是將會如何；而只是如果我們不加以注意的話，它可能已經存在了。

[…] 這種預測假定了人們預見了不願意發生、有可能發生，但尚未發生的事件。一個事件必須是可能發生的，我們才有行動的理由；但如果我們的行動是有效的，它就不會發生。

[…] 透過啟發性的災難主義[1]，我界定出一種可能可以幫助我們、保護我們、不受自己傷害的哲學態度。我以如下方式定義其特徵：「啟發性的災難主義，是要把人類經驗的持續，視為否定自我毀滅的結果——這裡所指的自我毀滅是銘刻在其未來中，一如凝結在命運中。」我一開始的工作，所考慮的是這些被稱為氣候暖化、[煤、天然氣、石油等] 化石資源的耗竭、能源危機、環境問題與公共衛生等對尖端科技瘋狂追逐的威脅。

杜匹，《海嘯的小小形上學思考》，Seuil出版，2005年，18-22頁

1 | Catastrophisme éclairé：這是指杜匹的前一本書，完成於2004年，作者在此處重提當時的主要論點。

---

**理解命題的論據——文本閱讀3-2**
**命題：**必須從具有當今人類社會特徵的自我毀滅的力量，來詮釋現代自然災害。
**論據一：**現代自然災害也涉及人類的責任。
**論據二：**如果一場災害並未發生，那是因為人類為了避免其發生而進行努力。
**確實理解了嗎？**為何科技的進步要求當前世代去背負過去世代所沒有的責任？

---

**從文本到論證——文本閱讀3-1、3-2**
請回答下述問題：人類在自然中的位置為何？人類是注定要承受自然事件，還是干擾自然事件的主要因素？為何對災難的詮釋會隨著我們是否承認在自然事件發展中的意圖而改變？

# 人文科學

## 詮釋某個人文科學的事實

### 我們解釋自然，我們理解心理生命

**文本閱讀 4-1**

狄爾泰

威廉・狄爾泰 Wilhelm Dilthey
1833-1911

　　狄爾泰反對實證主義學派，該學派企圖將人文科學的方法建立在自然科學的方法之上。詮釋者可以透過比較他自身的思想，理解人類的諸多動機。

　　精神科學與自然科學的區別，首先在於自然科學是以獨立於外在世界而呈現在意識中的現象為事實，這些現象出現在我們的內在，作為某種實在以及某種原本就有的生命整體。由此可知，只有藉由推論以結合假說的方式補足經驗的訊息，在物理與自然科學中才有嚴謹一致的自然整體；相反地，在精神科學裡，精神生活整體在任何地方都形成了原初而基本的訊息。我們解釋自然，而我們理解精神生活。因為獲取這些基本訊息的各種操作、讓各種功能，即這些特殊的精神生活要素，結合為一的各種方法，也是透過內在體驗而提供給我們。

狄爾泰，〈關於描述性與分析性心理學的概念〉，《精神世界》，
Moreau 譯本，Aubier 出版，1947 年，150-151 頁。

**定義**

實證主義（positivisme）是十九世紀的科學與哲學思潮，主張一切知識都應限制在可觀察之事實的分析上。

### 將社會事實當作事物來處理

**文本閱讀 4-2**

涂爾幹

艾彌爾・涂爾幹 Émile Durkheim
1858-1917

　　涂爾幹試圖在客觀的基礎上建構社會學的方法。

　　事實上，我們並非主張社會事實（les faits sociaux）即是物質性的東西，而是與物質性的東西同樣重要的事物，儘管是以另一種方式。事實上，事物是什麼？事物對立於理念，一如我們從外所認識者對立於我們從內所認識者。事物是知性無法自然而然直接企及的[1] 所有認識對象，是我們不能自行以某種單純的心理分析便能形成合宜概念的所有事物，是心靈只有在跳脫自身的條件下，透過觀察與實驗且逐漸透過最外在與最直接可觸及的特徵，進入到最不可見與更深刻的特徵，才能夠去理解的一切。把某種特定秩序下的事實當作事物來處理，[…] 在著手研究這些事實的時候，採取的原則是人們絕對不知道這些事實是什麼，而就算是最專注的內省也無法發現到這些事實的特有性質，例如其所依賴的未知原因。

涂爾幹，《社會學方法的規則》，〈第二版序〉，Champs 叢書，Flammarion 出版，1988 年，77 頁。

1 | Compénétrable：可直接觸及的。

**關鍵字區分**

解釋（expliquer）／
理解（comprendre）

一個行為的解釋，主要是去確定行為外在原因，而理解則呈現導致行為發生的內在過程，如同動機。

應該要解釋還是理解？

在十九世紀，社會科學力圖仿照自然科學的研究方法而建構。但這種方法論的假設隨即遭到質疑，圍繞著人文科學的詮釋方法因而展開：需要確保學者與其研究對象是徹底分離的？還是相反，需要接受兩者之間能相對性地接近？

練習：讓這兩篇文本對立的是什麼？

1. 是在於定位人文科學與自然科學相對位置的方式嗎？
2. 是在於社會學應採取的詮釋方法嗎？

## 精神分析

### 如何詮釋夢境？

| 文本閱讀 5-1
| 佛洛伊德
| 西格蒙德‧佛洛伊德 Sigmund Freud
| 1856-1939

*在某個劇院之夜的夢境*

佛洛伊德在此報告了一場夢，並提出了一種詮釋。

| 荷內‧馬格利特（René Magritte），《夢的鑰匙》（*La Clef des songes*），油畫，1930年（81×60公分），私人收藏。
▶Q：夢是由非預期的連結所形成的。如何找到鑰匙？

　　一名已婚多年的年輕女子，知道一名與她年齡相若的熟人艾莉絲小姐 (Mlle Élise L.) 訂婚了。這個處境產生了下述夢境：

　　這名年輕女子和她的丈夫在劇院裡，正廳前座[1]有一邊全空了。她丈夫跟她說，艾莉絲和她丈夫本來要過來，但只有較差的位子，三個座位要一弗羅林五十克羅澤 (1 florin 50 kreuzers)[2]，而當然他們無法接受。[…]

　　一弗羅林五十克羅澤這個數字從哪來？來自於前一天某個毫不相干的處境。這名年輕女士的嫂嫂從她丈夫那裡收到一百五十弗羅林的禮物，而她嫂嫂連忙購買寶石花掉了這筆錢。在此請注意一百五十弗羅林正好是一弗羅林五十克羅澤的一百倍。至於三這個數字，也就是門票的數量，這與現實只有一個連接點：艾莉絲正好只比做夢者小三個月。夢中出現的處境是一個小事件的重演，這名年輕女士的丈夫經常以此嘲弄她。事件是，有一天她趕忙去買一場劇院演出的預售票，但到了劇院後，她發現正廳前座有一半幾乎是空的。

佛洛伊德，《夢的解析》，C. Heim譯本，Folio叢書，Gallimard出版，1988年，109-110頁。

1｜l'orchestre：指舞台前的位置。

2｜譯注：弗羅林（florin）、克羅澤（kreuzers）為歐洲荷蘭語德語區舊幣單位。

　　你們已經認識了這個夢中所潛藏的想法[1]：後悔太早成婚，為朋友訂婚的消息而為自己感到惋惜；對丈夫感到不屑；對於自己如果願意等待應該能有更好的丈夫的想法。你們也知道了，讓這一切想法變成夢境的欲望：亦即對戲劇的愛、造訪劇院的渴望，可能是先前因為結婚而未能學習的好奇所造成的後果。[…]

　　但這在白天所接收的訊息，並未提供對戲劇之愛的任何說明 (prétexte)：它只能夠喚來後悔與自責。首先，這種欲望並不是夢的潛在想法的一部分，我們在不考慮這個欲望下，可以在分析中安置對夢的詮釋之結果。但挫折本身也無法產生夢。「這麼早結婚是我蠢」的想法不會導致夢的產生，除非「最終看見結婚後會發生什麼」的過去欲望被喚醒之後，才會產生夢。這種欲望透過上劇院取代婚姻，構成了夢的內容[2]。

佛洛伊德，《精神分析引論》，S. Jankélévitch譯本，Payot出版，1961年，209-210頁。

1｜「潛藏的想法」，或是「夢中潛藏的內容」，或甚至是「夢中的思維」，對應於夢的真實意涵，後者可透過分析的工作找到。在這第二份文本中，佛洛伊德進行準確的分析。

2｜這裡指的是「夢所顯示的內容」，亦即做夢者在夢中經歷的回憶。

---

### 練習：分析一個方法論的步驟

1. 使用佛洛伊德的語彙（「夢所顯示的內容」、「分析工作」、「夢所潛藏的內容」）來分析夢及其詮釋。
2. 在這個詮釋當中，佛洛伊德對於數字訊息、暫時的跡象，以及最後去看戲的想法，分別賦予了什麼角色？

# 哲學練習

———— ✦ ————

EXERCICES

## 練習1：掌握字彙

一項詮釋可以有多種形式，並且有多種對象：

a. 一個命運的跡象
b. 一個病人的病徵
c. 一個犯罪現場的線索
d. 一個夢
e. 一個科學實驗的結果
f. 一份宗教文本的神秘箴言
g. 一幅藝術作品

Q1：請以幾句話描述上述例子中的兩三個例子裡的詮釋工作所採取的形式。
Q2：是什麼讓一項詮釋變得更客觀或更不客觀或是變得主觀？試著提出精準的判準。
Q3：將上述清單分成三到四類，根據問題二所界定的判準。什麼詮釋形式最接近客觀？而哪些詮釋形式卻相反被判定為純然的主觀？

## 練習2：反思文本

這裡要衡量何謂「正確地再現」，可能標準是極度浮動和相對的。然而，我們對於「再現」的要求並不因此減少，儘管它無需遵循任何固定標準。正因如此，對於某個音樂作品或戲劇的詮釋，我們當然不會放任其自由、拿固定的「文本」去恣意營造任何效果。但是另一方面，若把某個特定的詮釋版本視為典範，例如由作曲家本人所指揮的某個錄音版本，或者試圖從經典的首演版本中，推論出詳盡的示範規定，這也是誤解了詮釋的真正任務。因為如此追求「正確性」並不真正符合作品本身的要求——對於每個詮釋者，作品都發揮個別和直接的要求，亦即詮釋者不能只是模仿某個典範，藉此卸除其任務。

[…] 在某種意義上，詮釋確實是再創造，但這種再創造所依循的，並不是某個先前的創造行為，而是依循原創作品的形象 (figure)，詮釋者於其中發現意義，然後必須依此再現作品形象。

高達美，《真理與方法》，Tübingen: Mohr，1960（1990），124-125頁，根據原文校譯。

Q1：在此被分析的主要例子為何？請提出其他有關於詮釋問題的藝術活動之例子。
Q2：為何藝術家及詮釋者之間的關係會是問題所在？
Q3：為何詮釋者本身能被視為藝術家？
Q4：詮釋的邊界對於某個作品的觀眾而言不也存在嗎？

**練習2試答**

1. 這篇文本分析了音樂詮釋的例子，作曲家並非其音樂作品唯一可能的詮釋者。我們在戲劇、舞蹈、歌劇等表演藝術中也都發現同樣的情況。演員、歌手、舞者以及導演都參與了作品的詮釋。

2. 作品的作者留下了演奏的指示：樂譜上的音符、演員如何表演（didascalies，戲劇指示）以及布景的精確說明。但光有這些指示並不足以演出作品。導演和詮釋（l'interprétation）為作品增添了諸多新的元素。這就出現了詮釋對於被詮釋作品的忠實性問題。同一個作品由兩個詮釋者來演出，可以導致兩個相當不同的版本，而我們並不總能確立某個詮釋比另一個詮釋更忠於原作。

3. 正如高達美所說的：「在某種意義上，詮釋正是重新創造。」詮釋者帶來了他的技巧，但還有他的敏感性、經驗和他的世界觀。有些詮釋者被認為是全然獨立的藝術家，儘管他們並非作曲家或是作家。這對演員或是電影演員而言特別明顯。詮釋者擴展了作品的意涵，並在作品中增加了別的意涵，使得詮釋成為共同創作。

4. 藝術作品至少有部分像是個謎語。其意涵並不徹底清楚也不完全。有些作品甚至在未完成時便被展出了，有時還是經過藝術家的同意。公眾發現自己接觸到詮釋的邊界。他帶入了自己的經驗、他的世界觀、他的想像……。觀眾的詮釋也為作品的豐富性帶來貢獻。是在這個意義上，維拉斯奎茲的《宮娥圖》中，所有的目光都朝向畫布外的觀賞者。

**練習3：分析作品**

1. 請描述這幅畫所包涵各種視角的重疊：不同人物的位置與目光、鏡子角色與畫中掛在牆上的不同畫作。

2. 各種視角的重疊激發什麼樣的詮釋？

3. 觀看這幅畫的人如何被納入畫中？這個位置難道不是將詮釋者的角色變成這幅畫真正的主題嗎？

| 迪亞哥‧維拉斯奎茲（Diego Vélasquez），《宮娥圖》（*Les Ménines*），1656年，油畫，收藏於馬德里普拉多博物館。

## 綜合整理

定義

> 詮釋指的是確立某項行為、某個事件、某個符號或是某件作品的意義，預設了直接給定的意義背後，還有一種或多種隱含的意義。

提問 ── **Q1：詮釋是否都是任意的？**

癥結

常常可能會有多種詮釋。
沒有理由把某一詮釋置於另一詮釋之上。對不同詮釋的討論並加以比較可能用處不大。

答題方向

根據尼采，一切判斷都取決於我們所站位置出發的觀點。
對高達美而言，與他者的討論是一個好的詮釋的條件，討論能讓詮釋更精準、更豐富。

引述

「（世界）包含著無限的詮釋。」
（尼采，《快樂的科學》）

「詮釋伴隨著『自我批評』與『可受挑戰的』。」（高達美，《詮釋學哲學》）

提問 ── **Q2：所有事物都需經過詮釋嗎？**

癥結

在各種詮釋的豐富性背後，也有可能的危險。我們可能不希望某種詮釋會變成系統性甚至是用來證成各種行動的合理性。

答題方向

根據康德，當我們身處會促進我們進行詮釋的處境時，我們會感到愉悅。
根據波普，那些排除了犯錯可能性的詮釋，例如精神分析或是馬克思主義，會是有問題的。

引述

「所有呆板地合乎規則的東西 [⋯] 不隨著對它的觀賞而提供持久的娛樂。」（康德，《判斷力批判》）

「精神分析理論是無法在經驗上否證的，它是不可驗證的。」（波普，《猜想與反駁》）

**論文寫作練習：分析下述主題，並說明它們如何與詮釋的概念有關。**

■ 「什麼是理解他人？」（經濟社會組，2004）

■ 「人文科學是否認為人是可預見他是什麼的存在？」（經濟社
　會組，2000）

■ 「藝術是否改變了我們對真實的了解？」（人文組，2008）

# 4 | 生命／物質與心靈

物質真的全能嗎？

| 荷內·馬格利特，《洞察》，1936年，油畫（54×65公分），私人收藏。

簡單的物質或許比我們所認為的更豐富、更具生命力。狄德羅以一顆平凡的雞蛋為例來說明：雞蛋看似無生息、不怎麼樣的粗糙東西，因為自身的潛能加上有利的條件，而能夠變成一個活生生、有感覺的存在。這是否能夠說明，物質潛藏著生命和思想？

這個雞蛋是什麼？在胚胎開始之前，是個無知覺的東西；在胚胎開始之後，那又是什麼？還是一個無知覺的東西，因為這個胚胎本身只不過是個無生息的、粗糙的（grossier）液體而已。這個東西是如何發展成另一個構造，變成有感知、有生命的？通過溫度。溫度在這東西上製造出什麼？變化的運動。這運動的一連串效果是什麼呢？你先坐下來，不要回答我，並隨著一個環節一個環節的觀察看看（l'oeil de moment en moment）。首先從一個點開始震動，一個像絲線的東西伸展開來並有了顏色，肉體開始成形：鳥喙、翅膀的末端、眼睛、腳爪出現了；淺黃色的物質開始浮現並形成了內臟；這是一個動物。這個動物會移動、有動作、會叫；我隔著蛋殼聽到牠們的叫聲；牠羽絨覆身；牠看著；搖擺著牠帶有重量的頭，以牠的喙去啄著牠囚牢的內壁；然後，這個內壁破了，牠破殼而出，行走，飛行，牠發怒，逃走，靠近，呻吟，痛苦，牠愛，欲求著，牠高興；牠擁有所有你的感受；所有你的行動，牠都能做。[…]一個無生息的物質，以某種特定的方式，由另一個無生息的物質、溫度和運動受孕，讓人們獲得感性，獲得生命，獲得記憶，獲得意識，獲得熱情，獲得思想。

狄德羅，達朗貝與狄德羅的對話，1775-1777年。

| 一般看法 | 思考之後 |
|---|---|
| **區別生命和無生命是容易的** | **生命和智能都在物質裡** |
| 先天上，每人都知道什麼是無生命的，什麼是有生命和什麼是智能的。就算關於我們所倚賴的那些標準不是太清楚，區別的界線似乎還是不言而喻的。有生命的存在可移動、吸收營養和成長，並與環境互動，而且是擁有心靈的存在者，能夠思考和說話。單單靠物質本身是無法達到上述這些的。 | 狄德羅提出，只需極少的東西，就能把顯然是一團無生命的東西，變成活生生的、可感覺的、能思想的存在。一顆封閉在自身當中、人們過去總是將它當作天然物質來看待的雞蛋，早已包含著超過許多人們所相信的事物了。那麼，從無生命的物質到活生生的物質一直到思想，難道只不過是個廣大的連續體？ |

# 我們能否確定生命和非生命之間存在著邊界？

## 從定義尋找問題意識

### 定義

> 生命¹是個有機體，能夠透過自身與外在環境的關係吸收營養、自我發展，而得以繁殖。

┃┃譯注：le vivant 有「活著」、「活生生的」、「生活著」等意思，是 vivre 的動詞的名詞化，也是進行式。而一般習慣將 la vie 翻為「生命」，這三個字都是同一個拉丁字源，因此則用「生命」來翻譯 le vivant。全章將以此方向翻譯在不同脈絡和不同意思上的這個字。

#### 有機體

有機體是互相依賴的機能整體。所以生命具有真實的統一體，但是這統一體不是絕對的，因為生命有時會為了免於自身陷入危險，而切除這整體的某部分。

#### 透過自身與外在環境的關係吸收營養、自我發展

生命體通過某種自主性而被描繪出來，但是，他的生命更包括了某種與外在世界之間的相互滲透與交流。

#### 而得以繁殖

生命本身帶有某種自我存續的本能傾向。

> 物質是未被限定的基質（substrat），在不同的形式下組成所有的物體。

#### 未被限定的基質

所謂的物質自身並不存在，因為唯有特定物質（木、水等等）存在。

#### 在不同的形式下組成所有的物體

所有的物體由物質所形成，這物質具有某種特定樣子，人們稱之「形式」。

> 精神，對立於物質，是非物質的實在，但為了解釋思想之類的現象卻是必要的。

#### 非物質的實在

精神對立於物質，並且似乎屬於不同於物質的另一個實在層次。

#### 為了解釋思想之類的現象卻是必要的

因為以物質去解釋人們用精神（或心靈）概念來表述的思維能力，似乎是不可能的。

## 定義提出什麼問題？

營養和繁殖的能力似乎保存於各個生命體中。但是以這種相對來說是非生命的物質來定義生命，是否充分？▶Q1：生命從何而來？

人們說某個無生息的東西是「無生命的」（inanimé），照法文字面上說就是「無靈魂的」（sans âme）。此靈魂是否等同於精神？這兩者與身體的關係又是什麼？▶Q2：靈魂與身體的關係為何？

物質是否還需加上某個東西，才能變得有智能？或是，就像人們設定電腦那樣，以某種精確的方式去構成物質，是否就已足夠？▶Q3：智能可以是人工的嗎？

# 問題思考

+

COURS

## Q1：生命從何而來？

孩子總是被「會動的」、「活的」東西所吸引。這些隨著出生時顯現、在死亡時卻突然消失的神秘事物，到底是什麼？

### 1. 活生生的存在僅是巧妙組織的物質

科學以確切等同於無生息非生命物質的物理化學現象，來解釋生物功能（例如：呼吸和消化）。所以，可以僅透過機械性的方式，來理解生命有機體的運作律則。在活的有機體和物質之間的差異，似乎僅在於生命機制的複雜程度，這些機制具有齒輪般的精密和複雜特性，並且有等級上的差別（▶見文本閱讀 1-1，83頁）。換句話說，並沒有根本地區別出非生命物質和「有生命的物質」之間的差別。

### 2. 但是這個構造超越我們理解的能力

某些現象（例如移植的排斥反應、結痂等）顯示，有機體會自行組織起來，形成不可分割的整體（▶見文本閱讀 1-2，83頁）。整個過程像是生命體各個部分都服務於這個整體，[彼此相互關聯]。例如：低溫時，生命體會為了保存這個整體而犧牲個別部分。我們實際上的理解能力，是無法去掌握這種運作（▶見文本閱讀 1-3，84頁）。換句話說，生命是否是遵循自身的法則以及目的，並非來自於外部（像是技工所構思的機械），而是來自於其內部？

兩個觀點彼此較勁。一個觀點是通過各個部分的原因來解釋生命現象（例如：鳥會飛是因為牠的構造是如此），如此一來生命就成了多個部件的產物。這種觀點很可能有化約的風險，並無視於生命這個奇蹟般的特殊性。另一個觀點是通過目的來解釋（例如：鳥生來就是為了飛），這彷彿是說生命的存在都是根據某個目的而行動的，不管這個目的是有意識還是無意識的。但這只能限於假設，因為我們對此沒有任何真確的證據。

### 3.「生命的原則」存在嗎？

「生機論者」（vitaliste）認為，各種生命現象的運作方式，在根本上就不同於非生命的物質。他們訴諸某種高於物質的「生命原則」，這原則是針對生命體而且也只對其自身。柏格森稱之為創造衝力（élan créateur）（▶見文本閱讀 1-4，85頁），並將之比擬為藝術家的天賦。這原則是整體性、自主性和目的性的原因，似乎在所有活的有機體中都觀察得到，只是程度不同。

但是把這生命體的特殊性稱為「生命原則」，比較是對這個特殊性進行命名，而非加以解釋。

---

**關鍵字區分**

原因（cause）／目的（fin）

原因是先於結果，並產生結果。目的是某物所跟隨的目標，它所趨向的東西，為了這個目的，它成其所是。

**定義**

生機論（vitalisme）：來自希波克拉底（Hippocrate）和亞里斯多德的哲學理論。他們拒絕將生命化約為物理－化學法則，認為生命是被無可化約的原初力量所驅使，而灌注於物質之中。

# Q2：靈魂與身體的關係為何？

我們對生命的理解，首先來自於我們作為生命而存在的經驗。如同蘇格拉底在《費多篇》所定義的，生命難道不是靈魂和身體的結合體嗎（死亡時它們就會分開）？但這兩個詞要說的是什麼？我們是有著靈魂的身體，還是有著身體的靈魂？

## 1. 身體是靈魂的「肉體包覆物」

身體有時被認為是包覆著靈魂的東西，也就是靈魂的「肉體包覆物」。這呈現了兩者之間的關係有著許多宗教意涵，像我們常遇到的靈魂概念（例如：靈魂不朽的問題）。實際上靈魂指出各種情感和各種情緒之所在（例如：藝術家的「靈魂」）。然而，心靈（或稱精神）更多是被當作意識的、合理性的和一般知性能力之所在（例如：邏輯的「精神／心靈」）。通過所使用的脈絡，靈魂和心靈這兩個概念得以區別開來，不過，這兩個概念都與身體的概念相對立。

## 2. 全都是物質的

藥物和毒品都能減低我們的焦慮，使我們變得愉悅。不過如果精神（心靈）是非物質的，這些化學物質應該不會對精神（心靈）造成任何影響。吸收一些簡單的分子能使我們改變情緒，這項的事實帶來的證據似乎是，我們的精神是由物質所構成的。我們之所以改變，是來自某種細微的、或許幾乎無法察覺的物質（▶見文本閱讀2-1，86頁），但至少是物質的。靈魂或精神，似乎僅是身體的延伸，是潛能的實現。

## 3. 靈魂與身體是對立，還是與等同於身體

然而，精神有時與身體處於對抗關係（▶見文本閱讀2-2，87頁）。例如：當我們身體疲累時，可以單憑意志便保持清醒，也就是我們可以決定是否抵抗某些生理衝動。事實上，在我們的靈魂和身體之間的張力，最能夠同時體驗到活著、思考著，以及意志的力量。就是在這樣的時刻，我們感受到我們的身體像個陌生人。但是靈魂和身體之間的各種關係並不總是衝突的。當我們在肉體中感受到各種情緒和情感，而指出我們是獨一且同一個存在時，我們也經驗到靈魂和身體之間並無差別（▶見文本閱讀2-3，88頁）。

「你理解的精神（心靈）是什麼？
——你問的是什麼？理性者說，我完全不知道：人們說這不來自於物質。
——但是你至少知道什麼是物質吧？」（伏爾泰，《見微知著》）

關鍵字區分

實現（en acte）／潛能（en puissance）

潛能僅以潛在的方式存在，但是能夠（或不能）變成實現。例如：我打算寫的書僅以潛能狀態存在，只有我真的開始動筆，書才會作為實現而存在。

## 定義

深藍是由IBM所發展的超級電腦，它在1997年5月擊敗了西洋棋的世界冠軍蓋洛・卡斯巴洛夫（Garry Kasparov）而聲名大噪。這是在歷史上第一次，機器表現高於人類的活動，結合不僅是原先的計算能力，並且還有複雜的策略和長期的預想。在2008年3月，法國國家資訊暨自動化研究院（INRIA）開發的程式MoGo和圍棋冠軍卡塔林・塔拉努（Catalin Taranu）對弈，前者贏了一次，後者贏了三次。就策略而言，這對圍棋比對西洋棋來得更重要。

## 關鍵字區分

理論的（en théorie）／實踐的（en pratique）

「理論的」指獨立於實踐應用的知識。相反地，「實踐的」指「在具體的現實中」，能夠獨立於人們進行理論分析。

# Q3：智能可以是人工的嗎？

同樣問題也可以向智能提出。智能是否位於物質自身？或者屬於更高的原則？人類智能是否有其專屬的特殊性？

## 1. 模組化人類智能的企圖……

　　「模組化」和「形式化」人類的智能，在於設想一個模型，以從中追尋智能的發展過程、提取出它的邏輯，接著模仿智能，以增加智能的嚴密精確性（▶見文本閱讀3-1，89頁）。自從資訊科技問世，電腦所釋放出的計算潛能越來越強大，這也讓人認真期待能否將人類智能轉換到機器中（▶見文本閱讀3-2，90頁）。

## 2. ……至今從未給出具說服力的結果

　　然而儘管有幾項引人注目的成功案例（例如：深藍），這些在人工智能上所展現的成果並不如預期（▶見文本閱讀3，90頁）。我們遭遇到的究竟是實踐上的障礙，還是理論上的不可能？在人類智能中，什麼是不能被化約為電腦的計算式理性（▶見文本閱讀4，91頁）？

# Q1：生命從何而來？

生命的「神秘」一直未被釐清。根據物理學家理查·費曼（1918-1988）所說，原因在於：「人類僅能認識人類所造的東西。」然而，尚未有人能夠以人為的方式合成生命（因而器官捐贈、輸血等醫療行為一直必須存在），即使我們已經能夠控制生命（如：體外人工受精、無性繁殖技術等）。是什麼阻礙了我們將非生命的東西轉化成有生命的東西？

*我們能夠把生命化約為機器嗎？(1)*

**文本閱讀 1-1**

笛卡兒

荷內·笛卡兒
René Descartes
1596-1650

在比較人工製造的機器和自然的存在物，除了它們所組成元素的大小之外，笛卡兒似乎對於兩者無法區分而感到驚訝，動物因而可以經由純粹機械性原理來理解。康德則強調，從某些事實顯示：一個生命的存在從來不能類比為某個機械裝置。

我不認為由技工所做的機器和僅由自然所構成的各種物體之間有任何差異，除了機器的作用僅依賴於某些管子、彈簧或其他器械的配置。因為這些器械要和製造他們的手成一定的比例，而器械總是如此巨大，以至於他們的形狀和運作可以被看見，而不同於管子和彈簧所產生的作用，自然物卻一般來說因為太小而難以被我們的感官所察覺。可以確定的是，所有的機械規則屬於物理學，因而所有人造的事物因而是自然的。因為，例如，當手錶通過它所構成的齒輪而顯示出時間，這並沒有比一棵製造果實的樹來得不自然。

笛卡兒，《哲學原理》，1644年，第四章，203節，七星文庫。Gallimard，1953年，666頁。

*我們能把生命化約為機器嗎？(2)*

**文本閱讀 1-2**

康德

依曼努爾·康德 Emmanuel Kant
1724-1804

在一個鐘錶裡，一個部分是 [ 使得 ] 其他部分 [ 得以 ] 運動的工具，但這不是說，一個齒輪是產生出 (hervorbringen) 另一個 [ 齒輪 ] 的作用性原因[1]：一個部分雖然是為了其他部分 [ 的緣故而在此 ]，但卻不是作為其他部分 [ 的結果 ] 而存在。也因此，產生鐘錶的原因和鐘錶的形式並不內含在（其物質的）自然本性之內，而是在其之外，包含在一個存有者之中，一個能夠依據其可能的整體理念，並通過自身的因果性而起作用的存有者。也因此，正如同在一個鐘錶裡，並非是一個齒輪產生出另一個齒輪，更遑論是一個鐘錶為了產生出另一個鐘錶而利用其他物質（將其組織起來）。因此，一個鐘錶並不是自行補足它被剝竊的部分，也不是通過其他部分的加入補償它最初成形時的缺

[1] 康德把動力因（指的是透過這個原因，一個事物可以因而產生另外一個事物）和目的因（指的是為了這個原因，一個事物才由另一個事物所製造的）對立起來。例如：雕塑家就是塑像的動力因，但是塑像的目的因，則是對那些對這個雕像進行欣賞的趣味。

相似（ressemblance）／類比（analogie）

比起模糊的相似，類比指出兩個實在之間更精確的關係。類比是在兩個並不必然相似的事物之間的類似關係。其形式是「A之於B，就如同C之於D。」例如：「筆之於作家，就如同劍之於士兵。」這就是說，它們在兩個例子扮演了相似的功能，而不論這兩個例子是多麼不同。

陷，亦不能在陷入失序狀態時自行調整修正。與之相反，所有這一切我們都可以期待有組織的自然。——因此，一個有機體不僅僅只是一台機器，因為機器僅僅只具有運動力，然而，一個有機體在自身之內具有形成的力量，確切地說是這樣的一種力量，有機體將這樣的一種力量傳遞給那些不具此力量的物質（[進而]將其組織起來）：因此，這是一種自行繁衍、形成的力量，此種力量無法僅僅通過運動力（機械作用）得到解釋。

康德，《判斷力批判》，第二部分的65節，根據原文校譯。

Q1：笛卡兒究竟是認為機器和自然物之間沒有差異，還是他沒有看到差異？康德在這個問題中居於什麼位置？

Q2：機器和生命體之間，到底是程度差異（也就是從多到少），還是在本性上根本的差異？

Q3：你的心臟能類比於幫浦、你的腸子和動脈能夠類比於管子嗎？

---

**文本閱讀 1-3**

奧福德

羅賓・奧福德 Robin Offord
1940-

*活的有機體是極複雜的機器*

生命不是某種特定物質（器官、組織等）的屬性，而是某種非常複雜的物質構造。羅賓・奧福德是日內瓦大學生化藥劑系教授。

當人們研究任何一個有機體，就原子的等級來說，活的有機體和無生息的有機體差別何在？

——有生命和無生命物質之間的差異，如果人們比較兩個客體——彼此都一公斤重——，一個是岩石，而另一個是兔子，兔子會動會成長。再來，如果你從一對兔子開始，將很快地擁有三十六隻兔子。

有生命的物質是依周遭環境而反應的。它會利用所處環境的元素，轉變這些元素，而且可以繁殖，而岩石就只總是個岩石。

去研究這個差異的起源——這已經平凡到不再對我們有所衝擊——，人們已經比較了這兩種物質的物理化學結構了。

人們已經觀察到的第一件事，就是同樣的化學物質存在於兩個物體中。可以找到同樣的種類的原子。[…]這並非必須在原子組成中尋找，而是在物質的構造裡找。[…]如果你放置一個巨大威力的顯微鏡，有生命的物質將顯現如同極複雜的機器，塞滿很複雜的分子，它們有組織的交互作用，讓生命的狀態得以維持。

奧福德訪談，收錄於 *Agora Vox* 網站。

生命是創造性的

　　對立於天然（brute）物質的非生命狀態，柏格森把自發的、噴發的、動力的、不可預期的、自由和創造性的力量的自發性稱作生命。他又稱這同一個能量為「生命衝力」。

　　世界，就其自身，遵守一些終極法則。在一些被限定的條件下，物質是由被限定的方式所運作，並沒有什麼是不可預期的：如果我們的科學是完備的，我們的計算的力量是無限的，我們將了解在無組織的物質宇宙中、在它這團集合體和它的諸元素中的所有發展，如同我們預見日蝕或月蝕一樣。總之，物質是無生息的、幾何的和必然的。但是，生命會顯示出不可預期的和自由的運動。生命體會去選擇或傾向於選擇。其角色就是去創造。

柏格森，《精神能量》，1919年。PUF出版社，1996年，12-13頁。

Q1：我們能夠說生命體可以脫離決定論[1]嗎？

Q2：「生命衝力」會是個具有意識的目標？

Q3：基於什麼，生命體有其扮演的「角色」（文本最後一行）？

| | 該學說認為，所有事物，通過各種因果關係，皆由必然的方式所決定。

**從文本到論證——文本閱讀 1-1、1-2、1-3、1-4**

**反思以下主題：**生物學所談的是生命嗎？若答案是肯定的，則似乎是強加的。這工作主要在於提出反對的看法並回答這些看法。是否生物學研究的並不是生物而是生命？而作為科學，生物學能夠研究不同於機械論和律則的東西嗎？

　——　要回答這些問題，要借助於哪些文本？

　——　請問一個生命與土地科學（SVT）教授關於生命的定義：而在這樣的定義中提出了什麼哲學問題？

## Q2：靈魂與身體的關係為何？

靈魂和身體在某個意義上是組成人類生命的兩個部分，人類生命彷彿就是這兩者的結合體。但是這兩者似乎沒有共通點，是如何結合為一體的？靈魂和身體到底是相連的兩者？還是完整的一體？還是兩相對立的實體？

### 靈魂是由精細的物質所形成

**文本閱讀 2-1**

盧克萊修

盧克萊修 Lucrèce
公元前 95-55

1｜這個學說認為，所有的實在就其本性上都是物質的。

2｜各個不可再分割的實體，物質的各個根本元素。在原子論聲譽下降之前，某些古代作者早已教授某個形式的原子了，而這個學說在二十世紀又復活了。

盧克萊修的唯物論[1]是基進的：根據他，精神（心靈）跟構成身體同樣的根本元素──「原子」[2]──所組成的，縱使這些元素是所有元素中最小的。

由於心靈的本質被發現 [ 是 ]
特別具運動性，它必定是由
細小、輕盈及，特別是，圓滑的物體組成。
若你懂得這個觀點，我的好朋友，在許多事上
都會發現它有效益及稱它是有用。
這個觀點也指出心靈的本質，
它有多麼精微的組織，自我壓縮在
多麼小的空間，若它能夠被聚集，
一旦死亡之不受干擾的寧靜掌握住人，
心靈及靈魂的本質便撤退，
你可看到在樣貌及重量上
無物從整個身體上消失：死亡保留一切。
除了生命的感覺及溫熱的蒸氣。
因此整個心靈必然是由極細小的種子組成，
它在血管、內臟及肌肉中交織：
因為，當所有的心靈已經離開全身，
儘管如此肢體輪廓的最外緣
顯示沒受傷害，也沒喪失一絲重量。
就如當酒的香氣消散
或當香水的甜美氣味消逝在空氣中
或當味道離開其他任一物體；
然而眼前的物體似乎沒有任何減少，
此外重量也沒有任何的減低，
當然是因為許多細微的種子
在事物的全身構成味道及氣味。

盧克萊修，《論萬物的本質》，第三章。根據徐學庸教授的譯文。

Q1：紅酒的香氣、香水的氣味和菜餚的香味有何共同點？為何盧克萊修將它們與精神相比較？

Q2：1907年，美國醫生鄧肯‧麥克道格（Duncan MacDougall）做了一個未發表的實驗。他測量六個病人死前和死後體重，發現少了21公克，這對他來說就是靈魂的重量。你怎麼看這個理論？請與盧克萊修的論題比較。

*身體阻礙靈魂思考*

**文本閱讀 2-2**

柏拉圖

柏拉圖 Platon
公元前 427-347

身體對精神來說是分心的源頭，精神必須強迫身體從它諸多焦慮轉移，同時要一直吸引身體的注意。唯有死亡能最終解開這兩個不相配的、卻又被迫共存於地球的這兩個實體的衝突。

只要我們擁有身體而且我們的靈魂與此種惡混在一起，我們無法充分地擁有我們所欲求的事；我們說的是真理。身體藉由必要的生計給我們無數的干擾，此外還有某些疾病的發生，它們妨礙我們對真理的獵捕。它使我們充斥許多欲望、需求、恐懼、各式各樣的幻想及荒謬的言談，所以如俗諺所說，我們真的且實際上不可能藉由身體在任何時刻思考任何事。因為沒有其他事物如身體及由身體而來的欲望一樣，產生出敵對、衝突及戰鬥。藉由擁有所有的財富戰爭開始，但透過身體我們被迫要擁有財富，成為為身體服務的奴隸，且來自於身體的阻礙，我們因為這些緣故離開哲學。最糟糕的是，若身體給我們一點喘息時間，轉而探究某事，在探索研究中它再次四處產生錯誤的噪音及弄出失序混亂的狀態，所以我們無法藉由身體知道真理。然而事實上對我們所呈現出來的事是，若我們有心想要清楚知道真理，我們必須與身體分開，必須在靈魂自身中注視事物的本質，在那個時候，看來，我們會擁有所要的東西，我們說是明智的愛好者，當我們死了，如論證所指，而不是活著。我們不可能與身體為伍會知道任何事，兩者選一，我們絕對無法知道真理，或死亡，在靈魂與身體分開獨自存在的時候，而不是在此之前。

柏拉圖，《費多篇》，66b-e，採用徐學庸教授的譯文。

Q1：為何靈魂如此簡單地就臣服（肉體）？

Q2：柏拉圖認為身體讓靈魂屈從於它的欲望。但是相反情況會發生嗎？會是如何呢？

**文本閱讀 2-3**

*人類身體的特殊性*

梅洛─龐蒂

莫里斯‧梅洛─龐蒂
Maurice Merleau-Ponty
1908-1961

如果人們會去留意，去感受自己的身體、自己的肉體，對作為單一個體的存在者來說，這完全是獨特的。因為他處於「自我」和外在世界之間的界面上特有的位置，身體同時如同主體和客體般活著，因而可以感覺到自身。

身體的靈活狀態，並不是身體各部分彼此的集合──亦不是來自不知為何的某一個心靈所降落的自動裝置，這可能還預設著身體自身是沒有內在以及沒有「自我」[1]的。當在能見和所見之間，在能觸與所觸之間，在眼睛與另一隻眼睛之間，在手與手彼此產生某種交會時[2]，當感覺者─被感覺者擦出火花之際，當捧著這將不會停止燃燒的火，直到這身體所發生的偶然，[掙脫了其他偶然而]做出了沒有其他偶然足以完成的事，一個人類身體就在那了。

1 | 身體只是無感覺的、無「內在」生命的無差別物質的擴延。

2 | 當兩手交叉，就是右手（主體）觸碰左手（客體），反過來也是一樣。

梅洛龐蒂，《眼與心》，Gallimard出版，1964年，21 頁。

---

**理解命題的論據──文本閱讀2-3**

**命題：** 梅洛龐蒂從批判前兩個概念的崩解開始，企圖思考「人類身體」的「自我」。人類身體並非僅由天然物質所構成，因為這身體的「我」會感覺。這個自我處在靈魂／身體，或主體／客體區分之內（或之外），這也是為何他使用「感覺者─被感覺者」和火的意象，這同時是物質的和非物質的。

1. 靈魂並非身體各部分累加起來造就而成。
2. 梅洛龐蒂針對將身體（被認為是自動機）和靈魂或精神截然區分的笛卡兒式的二元論。

最後一個句子重提了身體的統一體沒有什麼偶然的看法，符合第一個評斷早就提出來的看法。

經由上述文本的協助，定位以下主題的各個前提：靈魂是身體的囚犯嗎？

—— 題目包含一個隱喻：以非隱喻的方式重新提出問題。

—— 身體是否強迫靈魂做出它不願意的事情？

—— 人們是否可以在物理上囚禁一個非物質的存在？如此，如果靈魂真的被身體關起來，難道靈魂不應該和它的獄卒一樣，是物質性的存在？

—— 綜合上述文本去回答提問。

## Q3：智能可以是人工的嗎？

從幾十年開始，神經科學的進步呈現了心靈（思想或是情緒、語言、記憶，或是審美、道德等等）多樣化功能，一一符應於腦這樣生理器官的某些局部的方位或區域。同樣的，資訊科學的發展給予電腦優於人的超強計算能力。但人們因此便能迅速製造出智能了嗎？

*心靈事件僅僅是生理事件*

文本閱讀 **3-1**

尚傑

尚—皮耶・尚傑
Jean-Pierre Changeux
1936-

神經生物學家尚—皮耶・尚傑認為，生理事件可化約為腦的機制，並顯示出某種物質的特殊狀態。他因而將思想回歸到大腦的某種功能和大腦所形成一些生物化學過程。

人類大腦由數十億個神經元組成，這些神經元通過巨大的纜線和網絡互相連結。在這些「線路」中所傳遞的電流或化學的神經脈衝（impulsions），完全可以分子或物理化學的語彙來描述 [⋯]。

因此，將心靈事件等同於物理事件，絕不是採取某種意識形態的立場，單純只是最理性更尤其是最有成效的工作假設。如同約翰・彌爾所寫：「如果找尋心靈運作的物質條件就成了唯物論者，那所有心靈理論都應該是唯物論的或不充分的。」而且，對於認為這個假設太容易而使他猶豫不決的人來說，瓦雷里回答道：「原始森林、海中的藻叢、迷宮、細胞迷宮，從連結上說是比精神領域更豐富的。」

我們正經歷的歷史時刻，令人想起我們在上一次世界大戰之前生物學所處的時刻。就算在科學家之間，生機論[1]的各個學說過去是被認可的。分子生物學則讓這些生機論的學說消失無蹤。必須預想到對精神論者的各個論題以及它們各種「突現論者」[2]的化身而言，這個歷史時刻同樣會是什麼。

1 | 生機論者反對把生命視為純粹物理化學現象來思考，而是認為生命屬於某種不可化約為物質的力量。

2 | 這理論指的是一個系統越複雜，它越能獲得其構成所不具備的一些新特性。

尚傑，《神經元的人》，Arthème Fayard出版，1983年，333-334頁。

Q1：精神僅僅只是物質的幻覺？

Q2：根據這個文本，解釋尚—皮耶·尚傑《神經元的人》這個書名的意義。

**文本閱讀 3-2**

萊布尼茲

哥特弗里德·威廉·萊布尼茲
Gottfried Wilhelm Leibniz
1646-1716

*思考就是計算*

在十七世紀，萊布尼茲便在醞釀一項計畫，要將所有觀念轉換為某一種語言（但沒有達成），以便像數字計算那樣，嚴謹地開展各種思想。

1 ｜ 萊布尼茲以「表意文字」（Characteristica）一名來表現各種觀念。

如果有一天我有足夠的空閒，我想完成我所構思的通用表意文字[1]或是普遍計算的方法，它應該能運用在各個科學學門，就如同於數學中。我對此早已有不少嘗試，一些定義、公理、定理 [⋯] 我已在各處以精確又嚴謹的方式把觀念字母化，像是代數或數字。如果人們遵行這個方法，這會是終結爭論和爭吵的極佳方式，人們會對自己說：我們來計算吧。人們還可以在道德中運用這個嘗試，我則運用在司法判例中。

萊布尼茲，《給阿諾德的信》，1688 年 7 月 14 日。

Q1：如果萊布尼茲的計畫能成功，人們是否能創造出人工智能？

Q2：你會像萊布尼茲一樣，認為人們能像導出數學公理一樣導出道德的普遍真理嗎？

Q3：對你來說，萊布尼茲會遭遇到什麼障礙？

**文本閱讀 3-3**

*一個承認失敗的聲明？*

數十年來，對人工智能懷抱巨大的希望之後，現在會是失望的時候了。自動翻譯軟體並沒有取代人類，甚至連一些基礎程式都似乎超出最尖端機械的範圍。

理解自然智能是遙遠的，而比起自然智能，智能的人工形式還很原初。明顯地，像是操作和辨識客體的簡單的工作——一個三歲的孩子就可以簡單地達成——還尚未在人工形式上得到解決。如果我們注意實際研究的景象，我們會看到我們多麼忽略生物大腦完成其功能的方式，這些功能如何在孩子身上發展，或是這些功能如何在演化過程中顯現出來。我們更不了解文化和社會歷程對形成人類智能的貢獻。因為關於自然智能基礎理論缺乏——儘管有巨大的進步——因為仍無法獲得建構高等人工系統所需要的技術，目前各種機器人的

喬治·盧卡斯的電影《星際大戰》中的人物。

能力比起單純動物的能力還是差得太遠這件事並不是令人驚訝的。我們不能避免做出的結論是，某些重要的東西我們是缺乏的，或是尚待發現。

馬克思・朗格諾拉等人，《人工智慧五十年》，Springer出版社，2008年，2頁。

## 人工智能的各種結構性限制

**文本閱讀 3-4**

德雷福斯

赫伯特・德雷福斯
Hubert Dreyfus
1929-2017

對哲學家赫伯特・德雷福斯來說，人工智能的計畫是科學的死胡同。根據定義，事實上，人工智能只能處理人類的自然智能中事先生產出的「材料」。

機器智能和人類智能在這裡凸顯出根本的差異。人工智能僅能在客觀、理性的層次上操作——不過，在這樣的層次，這些事實早已生產而出。人工智能在事實早已成形的狀況中，抽離出這些事實，而且傾向於使用已得到的結果去模擬智能的行為。但是這些從原本脈絡中抽出來的事實，只是一團笨重又難駕馭的中性材料，人工智能研究者彼此還在對這團材料爭論著。直到現在，所有的計畫進程，「隨著材料文件的增加，無可避免陷入了困境」[1]。

我們知道這些關於世界的材料可以是無限的，因而將人類生活全部加以形式化的想法是不可能的，似乎可能更合理地說，數位科技也許永遠無法達到這個工作的盡頭。

德雷福斯，《人工智能的神秘和限制》，1972年，Flammarion出版，1984年，363-364頁。

**關鍵字區分**

理論的（en théorie）／實踐的
（en pratique）

理論和實踐彼此對立，前者是經由理智所設想的東西，後者則是實質存在於具體現實中。幸運的是，理論和實踐能夠彼此配合。

| 閔斯基，《歷程中的語意資訊》，18頁。

Q1：為何電腦不能製造事實？
Q2：人工智能的目的是模仿還是協助人類智能？

---

**從文本到論證——文本閱讀3-1、3-2、3-3、3-4**
練習關於理論的／實踐的關鍵字區分。請用上述文本和你自己個人的文化來回答下列問題。
—— 以往我們所相信的科學上的不可能，是否仍停留在「科幻小說」中？
—— 電腦可以在實踐上執行不同運算，這是什麼意思？什麼又是不能做的運算？
—— 在理論上阻礙電腦去做選擇和形成價值判斷，是什麼意思？

# 長文閱讀

———  +  ———

TEXTES LONG

## 昂希 · 柏格森，《物質與記憶》，第一章

### 口試

┌─────────────────────────┐
│ **身體如何與精神合作？** │
└─────────────────────────┘

#### 1. 問題無法解決，因為問題問的不好

心靈和身體關係的問題十分棘手！這個問題早已從各種角度反覆討論。在《物質與記憶》第一章，柏格森認為要更謹慎地從問題的開始來談，彷彿從未有人寫過這個主題。這個新的關注，使他採用完全創新的觀點來看待身體。他不以解剖學來描述——這早已帶入某種形上學論題，它假設了可以從身體在生理上分布得出對身體真實本性的理解——，他把身體想為，在其他所有構成世界「諸多影像」之中的其中一個「影像」。

#### 2. 非主體亦非客體

但是柏格森故意對「影像」一詞賦予模糊的意義，以填補物質和精神之間或是意識和世界之間的鴻溝，而且能繞過其他思想家所認為的身心是明顯分離。柏格森因而將我們安置在主體與客體的區分之外……

顳葉負責聽覺和語言，頂葉負責視覺，額葉負責決策，小腦負責運動的共同秩序。

Q1：大腦的解剖學呈現出腦是由不同區域組成。心靈是否也可區分為多個部分或是截然有別的不同功能？

Q2：到底是大腦屬於物質世界的一部分，還是物質世界屬於大腦的一部分呢？（▶ 見本冊94頁）

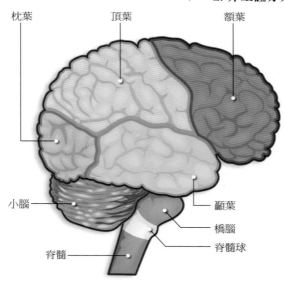

枕葉　　頂葉　　額葉

小腦

顳葉

橋腦

脊髓　　脊髓球

| 人的神經系統

柏格森的《物質與記憶》(*Matière et mémoire*) 反對這個占據了十九世紀末（一直至今）的信仰，這個信仰認為心靈可以化約為物質。法國心理學之父的哲學家泰歐杜勒·李波 (Théodule Ribot, 1839-1916) 在早《物質與記憶》幾年出版的《記憶的疾病》所做的研究裡，早已傾向回憶是物理性地處在腦的某個確定部分。另外，要如何解釋當腦受到損害，回憶就消失？柏格森從記憶本性的哲學探究出發，反對這個的構想，這就要重新去定義身體和心靈的各別功能。他的主張在於認為，身體是朝向行動，精神則被指向思想。因此，對於身體突然發生的損傷，尤其是大腦，並不直接影響記憶本身，而是影響我們對記憶的使用：記憶仍然完好如初，只是無法使用。下文摘要位於書的開頭，柏格森試著說明身體是無法囊括各種認知的。

**作品介紹**

柏格森

昂希·柏格森 Henri Bergson
1859-1941

我們現在要假裝一下，我們對關於物質理論和精神理論一無所知，對外在世界的現實性或觀念性沒有任何討論。在我這裡呈現的是諸多影像，以我們能夠用這個字最模糊的意義來看，當我打開我的感官，影像被覺知，而當我關上它們，影像就不被覺知。所有這些影像，根據我稱為自然法則的恆定律則，在它們所有基礎的部分活動著且彼此作用著，而且作為這些法則的完美知識，這些法則或許能夠計算和預見這些影像的每一個會變得怎麼樣，這些影像的未來應該被包含在它們的當下，而且沒有任何新事物可以加入其中。然而，有一個影像相較於其他所有影像則顯得突出，我不僅能夠通過知覺從外去認識這它，還能夠通過感受從內去認識：就是我的身體。我考察了這些感受所形成的各種條件：我發現它們總是在我從外面所接收到的震撼和我將執行的運動之間插入了進來，彷彿這些感受要對最後一個步驟執行某個尚未完全確定的影響力。我詳細查核我各種多樣的感受：似乎它們每一個以自己方式包含某個行動的邀請，同時允許可以等待或甚至可以什麼也不做。

我更仔細的觀看：我發現從各個動作中，已經開始但還沒執行完畢的，有一個或多或少有用的決定之跡象、但不是一種會排除掉選擇的限制。我想起、我比較我的回憶：我想起，在一個組織了的世界，我相信在每個地方可以看到這樣的感受，它正好出現當自然──在授予有生命的東西可以在空間中運動能力之後──通過感覺，對物種發出一般會威脅它的訊號，讓每一個體可以做出預防措施去避免危險。最終我追問我的意識，它在感受中賦予了自己什麼樣的角色：意識回答在情感或感覺的形式下它協助，意識的確協助了在我認為採取行動的所有步驟，而反過來它的隱匿與消失，是發生在我的行動變成自動時，

假裝意味著「做得像似……」。將之前不同理論變成心靈白板，這樣的決定讓人想到哪個哲學步驟？

新的出發點：我們處於「種種影像」之中，也就是在各種表象之中。

感受是行動的開端。

在提出「種種影像」層次的問題後，柏格森不再從身體出發，去詢問心靈出現的問題。

最後才要求助意識的證明。為何？

宣稱不再需要意識之際。或者所有表象皆是欺騙，或是感受狀態於當下所完成的行為，在它不來自那些能夠從之前一個接著一個情緒現象中被嚴格地演繹出來的各種感受狀態，自此這感受狀態就真實地在世界和自己歷程中增加某個新事物。就讓我們停在這些表象：我純粹只要簡單說出我所感覺和所看到的事物：在這我稱之為世界的各種影像出現的整體中，所有發生的這一切，沒有什麼可以產生真正新的東西，除非透過某些特殊影像的媒介，這些影像的類型是由我的身體所提供給我的。

> **柏格森實踐「現象學還原」：這是一種態度，看見事物在意識上的呈現，而非從人們加諸於這些事物的偏見上出發。**

現在我研究，關於和我的身體類似的身體，這個我稱為我的身體的特殊影像的外形輪廓。我察覺到將震動傳導到神經中樞的輸入神經（感覺神經），接著由中央分出的輸出神經（運動神經），把震動帶到身體周遭，而且造成部分身體或整個身體的運動。我向生理學家和心理學家詢問這兩種動作的目的何在。他們回答說，如果神經系統的

> **離心運動從核心走向周遭。向心運動則相反。**

離心運動能夠激起身體或身體各個部分的移動，所有或至少某部分的向心運動，會使得對外在世界的認知得以誕生。應該如何理解？輸入神經是一些影像，腦是某個影像，通過感覺神經傳遞和在腦中傳播所有震動仍然還是一些影像。對這個我稱為大腦震動的影像可以產生出外在的影像，大腦震動影像必須以某個或其他方式來包含這些外在影像，而且整個物質宇宙的認知應該要被蘊含在這分子運動的認知中。

> **藉由荒謬去推論：如果一個腦的震動是種種影像的原因，一個影像就能包含其他影像的話。那麼，大腦不能產生出影像亦不能形成認知，大腦介入行動（le cerveau engage l'action）。**

然而，這或許足以說明像這樣命題的荒謬性。是大腦屬於物質世界，而非物質世界屬於大腦。刪除帶有物質世界名稱的這個影像，您就也同時取消了大腦和作為其部分的大腦震動。相反地，設想這兩個影像，大腦和腦震動，消失了：假設您僅僅抹去，非常少的東西，即在一個巨大圖畫中的一個微不足道的細節。此畫就其整體，也就是這個世界，完整地依然存在。將大腦當作全部影像的條件，就真地自相矛

> **思想的經驗就可以說明是大腦依賴於物質世界，而不是相反。**

盾了，因為大腦，就假設來看，是這個[整體]影像的一個部分。所以，能夠構成世界影像的條件，既不是神經也不是神經中樞。

> **我的身體與其他周遭環境影像互動，因為它就處在它們之中。**

讓我們停在這最後一點上。這是一些外在影像，接著是我的身體，然後最終是在種種周遭環境的影像上通過我的身體帶來的各種變化。我清楚地看到這些外在影像如何影響我稱之為我的身體的影像：它們讓身體動了起來。而且我也看見這身體如何影響這些外在影像：身體用動作回應它們。所以我的身體，在物質世界整體中，像其他影像一樣活動著，接收和產生動作，以這個唯一的差異，或許，在某種程度上，我的身體顯示在選擇它所接收的回應方式。但是，大體上來說，我的身體，特別是我的神經系統，如何產生出我對世界認知的全體或部分呢？您大概會說我的身體是物質，或者說我的身體是一個影像，對我來說，無論哪個詞都不太重要。如果身體是物質，它就是物質世界的部分，而物質世界，因此，存在於身體的周圍與身體之外。如果身體是影像，這個影像將僅能給出人們所放置的東西，而且因

> **在我的身體中，什麼是能夠作為我的各種認知的來源？一點物質也沒有……所以就不是我的大腦。**

為，通過假設，它僅僅是我身體的影像，若想要從身體影像中提出整個世界的影像就是荒謬了。我的身體，用來移動各種物體的物體，是行動的中心：它不可能產生出某個認知。

> 結論：我的身體並非是所有認知（也就是種種影像）的起源。

柏格森，《物質與記憶》，第一章，PUF出版社，1-4頁。

Q：神經系統將大腦和身體機能連結起來。我們能夠說它是靈魂和身體合一問題的解方嗎？

**口試題目**

1. 我們能說身體同時是主體和客體嗎？
2. 身體能夠自動單獨運作嗎？
3. 根據柏格森，「回憶儲存在哪裡？」是好的提問嗎？為何？要如何以正確的方式提出問題？

# 延伸思考

### OUVERTURE

## 漫畫

# Q：人類和機器的界線就要消失了嗎？

### 攻殼機動隊

　　士郎正宗的《攻殼機動隊》(*Ghost in the Shell*, 1989) 是講述發生於東京2030年代前後的未來主義漫畫。

　　草薙素子是賽伯格[1]，半機器半人，覆蓋在「殼」(shell)[2] 底下的是個「鬼」(ghost)[3]。這名反恐部隊女警在調查資訊駭客時，發現駭客來自一個精密的電腦程式（「2501計畫」），這個計畫已能創造出自己的鬼，它自己的「意識」。這名駭客變成自主的，同時也躲避著他的設計者，並且想進入一個身體。草薙接受與他融合在一起，希望能找到問題的答案：關於他自己的人性和存在焦慮。他們變成一個新的存在，還沒有人知道這個新的存在能做些什麼。這是跨越達爾文物種演化理論的新階段。

| 押井守的《攻殼機動隊》海報，1995年。

---

### 文本閱讀

#### 賴爾

吉伯特・賴爾
1900-1976

#### 定義

「二元論」這個理論常被歸咎於笛卡兒，他認為心靈（或靈魂）和身體是分開且異質的兩個實在。

---

1 | 在一些人身上嫁接上重要機械的或電子的部分（不同於有人類外表的機械所構成的機器人）。
2 | 在英文，「shell」同時也指有殼類的殼（coquille），在資訊科學語言中，也指的是一個處理系統（système d'exploitation）的使用者介面。
3 | 在英文，「ghost」指的是幽靈或精神，等同於德文的精神（Geist）。
4 | 譯註：也就是加諸於機械原因之上的另外一個原因。

### *機器裡沒有鬼*

　　漫畫《攻殼機動隊》的英文標題「ghost in the shell」，借用了英國哲學家吉伯特・賴爾所創「機器中的鬼」(ghost in the machine) 一詞，賴爾以此來批評二元論。對賴爾來說，精神不存在身體之外，它而是放置在身體中，就像一個東西在另外一個東西之內：精神只是身體被組織的方式。精神與身體的關係，相似於將大學的概念聯接到在物質上組成大學的一些建築物之上。

　　一個陌生人第一次參觀牛津或劍橋：人們向他介紹學院、圖書館、運動場、博物館、實驗室和一些行政大樓。那這陌生人就問了：「但是，大學在哪呢？我已經看到了學院的成員在哪裡活動，大學校長在哪裡工作，物理學家在哪裡做實驗和其他不同的建築，但是我還是沒看到，在你的大學的所有部分中，那個所謂的大學在哪裡。」此時必須向他解釋，大學並非另外一個機構，不是他所看到學院的、實驗室的和辦公室之外添加上的東西。大學僅僅是他看到的所有東西所組織起來的樣子。[…]同樣的，陌生人期待大學是一個另外的建築，同時相似於這些學院又顯然不同於它們，就像是貶低機械論的人所認為，心靈如同機械因果[4]過程的另外一個中心，像是機器又顯然不同於機械。

賴爾，《精神的概念》，Coll，〈Payot的小型圖書館〉，1949年，Payot出版。

### 練習：人和機器之間的界線

1. 在心律調節器、眼鏡（很快地眼鏡 [的功能] 被實際被強化了，甚至是安裝在眼珠前的晶片）或是人工髖關節之間，難道我們不是早已開始成為賽伯格？是否還存在機器和人之間的界線？我們是否以一個徹底新的方式改變人類？
2. 根據賴爾的文本，解釋漫畫的標題。
3. 你認為將人的心靈安裝在機器身體中是否可能？

# 進階問題思考

PASSERELLE

### 1. 保護生物的緊迫

保護瀕臨滅絕物種和預防對動物施暴（▶文獻資料和訪談，98頁、101頁）的必要性，似乎受到當代社會所認可。但是「生命權」的概念要延伸到多大範圍？法律上，「權利」概念僅僅相對用在人身上（▶見文獻資料，98頁），因為不管是動物還是植物，都無法對生命權有所意識並提出控告。

### 2. 改變生物的可能性

新的基因科技讓醫學研究者面臨到前所未有的倫理問題。技術上我們能夠讀出並修改個體基因，但問題是我們有這項權利嗎？我們能夠讓自己扮演瘋狂的科學家嗎（▶見文本閱讀4-1，99頁）？生命難道不是神聖不可侵犯的領域？

### 3. 控制生命的權力

生命越來越無法逃脫人的控制。我們對生命的掌控，所牽涉的並不僅限於生物學或醫學面向，還涉及社會整體（▶見文本閱讀4-2，99頁），其中包括設置「生命倫理委員會」，以對無性生殖到安樂死等新挑戰提供建議。

**定義**

生命倫理（bioéthique）指針對醫學科技發展所引起的種種疑問進行道德反思。

──── 文獻資料 DOCUMENT ────

## 法律

### 法國《刑法》521-1 條

有無論公開與否加重虐待或加重性虐待或以殘忍行為對待寵物、馴養動物或人為管領動物之情事，處2年監禁併科3萬歐元罰金。[…]

得援引地方無間斷傳統為憑之鬥牛場不適用本條文之規定。得證立無間斷傳統為憑之鬥雞處所亦不適用本條文之規定。[…]

棄養寵物、馴養動物或人為管領之動物適用相同罰則，惟以復育為目的之動物除外。

### 《世界人權宣言》第3條

人人有權享有生命、自由和人身安全。

### 我們有權利去干預生物嗎？

**文本閱讀 4-1**

戴斯達

賈克・戴斯達 Jacques Testart
1939-

　　1982年，生物學家賈克・戴斯達，仔細考量關於胚胎基因解碼科技所能做的運用之後，在法國進行了第一例體外人工受精。他期望所有研究者都能自我節制，也指出又設立門檻的必要，以規範許多令人不安的實驗。

　　在能夠操縱人類基因體（又稱人類基因組，génome humaine）[1]之前，我們還有幾年好日子，但其實人們早已知道建立基因圖譜，它是真正的身分證明。人們也知道要越早去認識各種會帶來不良效果的未來，各種偏離正常狀態的因子。當然，某些人會期待普及化這些[對於不良]診斷，好去反駁婚姻或是避免出生，因為，這似乎和現代社會的品質有關。既然，對那些最重大的缺陷[2]，胚胎的淘汰已被施行了，再次面臨到定義門檻的問題。

　　[…]我相信已經到了暫停的時刻，這是研究者自我節制的時刻。在科技自身的邏輯中，研究者不是全部計畫的執行者。被放置在可能的螺旋樓梯中，研究者在任何人來到曲線幅度之前猜測它會平緩下來，但也會墜落、檢查、否認。我作為「協助生殖研究員」，已決定停止這項研究。並不是因為我們已經發展出更好的研究，而是這項研究為人類帶來了巨大改變，生殖醫學在其中連接了預測性醫學。但願人為的狂熱可以冷靜下來，研究者是很多的，在此點上，我意識到是被孤立的。但願那些擔憂的人們，那些我們稱為「人道主義者們」和今天說的「懷舊者們」，能夠仔細考量。但願他們快點做吧。

戴斯達，《透明的卵》，Éditions Complexe出版，1986年，32-33頁。

1 | 藉由干預人類 DNA 序列來修改基因，從而改變他的身體特徵。

2 | 或多或少會帶來嚴重後果的遺傳性異常。

Q1：優生學的危險在於挑選胚胎？
Q2：誰有權決定停止或指出基因組的研究方向：研究者？政治當權者？宗教負責人？倫理委員會？大眾意見？

### 活著的權利與死亡的權利

**文本閱讀 4-2**

傅柯

米歇爾・傅柯 Michel Foucault
1926-1984

　　長期以來，國王一直對臣民擁有「使人死或讓人活」權力。今日，事情顛倒過來了，因為生命存在於有權力者的雙手之間[1]……然而個人死亡的選擇卻回到個人身上。

　　「使人活或以死來拒絕」的權力，取代了「使人死或讓人活」的古老的權力。這或許因此解釋了，伴隨著死亡各種儀式在近來的廢黜，標誌著死亡失去了過去的地位。人們迴避去關注死亡，比較不是牽涉到我們社會產生了某種難以忍受死亡的新焦慮，而是牽涉到從未

1 | 這權力同時是政治的和科學的，被傅柯稱為「生命權力」，因為這是管理生命自身的權力。

| 土魯斯，2010年6月，糖尿病檢驗與訊息的第三天。

停止避開死亡的權力程序。[⋯] 現在，則是針對生命以及整個生命展開的進程，權力要去建立各種掌控；死亡是生命的限制，是生命無法掌控的時刻；死亡變成了最秘密的存在，最「私密的」存在。不需要驚訝自殺會在十九世紀中變成社會學分析領域中首要分析對象之一——自殺在過去是犯罪，因為自殺侵犯了統治者的權力，不管是地上還是天上的統治者，他才是唯一擁有可以執行死亡的權力；在權力行使於生命的邊界和縫隙中，自殺顯現了個體的和私有的死亡權力。這個想死的執念，如此陌生奇怪，卻在許多表現上是如此規律、如此確切，因此很難以特殊事件或個人意外的理由來解釋。這是當時社會首先出現的震撼現象之一，而政治權力才剛努力要以管理生命為要務。

傅柯，《性史》第一卷，《知識的意志》，Gallimard出版，1976年，181-182頁。

Q1：國家以什麼方式關注公民的生命和健康？請提一個廣告宣傳為例。

Q2：藉由這個文本閱讀，在什麼樣的範圍內，能夠解釋關於安樂死的辯論？

## 哲學時事

# 訪談：人類對動物有責任嗎？

### 動物倫理問題

　　人們觀察到，在西方，素食和有機飲食出現了躍進，對生態學和動物倫理學也越來越關注。這些現象是否為某種流行，改變了人在哲學上的定義？以下是艾莉絲‧德紹尼耶（Élise Desaulniers）以及尚傑‧維瑪（Jean-Baptiste Jeangène Vilmer）的訪談，艾莉絲是網誌「張開嘴巴前想一想」（penseravantdouvrirlabouche.com）和《我用腦袋吃飯：我們食物選擇的種種結果》作者。尚傑‧維瑪最知名的著作是《動物倫理》和《動物倫理選集：野獸的申辯》。

　　動物倫理最初是在哲學學門之下，發展於1970年代的英語世界〔…〕。在法國，雖在晚近才開始對動物倫理產生興趣，卻在今日有數量可觀的出版品。你如何解釋這個從1970年代開始在動物倫理上的躍進？

| 格子籠蛋雞飼養，2010年10月，美國印第安那州。

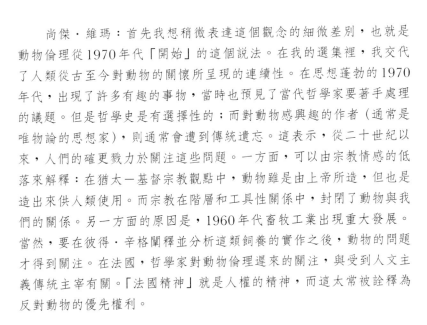

　　尚傑‧維瑪：首先我想稍微表達這個觀念的細微差別，也就是動物倫理從1970年代「開始」的這個說法。在我的選集裡，我交代了人類從古至今對動物的關懷所呈現的連續性。在思想蓬勃的1970年代，出現了許多有趣的事物，當時也預見了當代哲學家要著手處理的議題。但是哲學史是有選擇性的；而對動物感興趣的作者（通常是唯物論的思想家），則通常會遭到傳統遺忘。這表示，從二十世紀以來，人們的確更戮力於關注這些問題。一方面，可以由宗教情感的低落來解釋：在猶太－基督宗教觀點中，動物雖是由上帝所造，但也是造出來供人類使用。而宗教在階層和工具性關係中，封閉了動物與我們的關係。另一方面的原因是，1960年代畜牧工業出現重大發展。當然，要在彼得‧辛格闡釋並分析這類飼養的實作之後，動物的問題才得到關注。在法國，哲學家對動物倫理遲來的關注，與受到人文主義傳統主宰有關。「法國精神」就是人權的精神，而這太常被詮釋為反對動物的優先權利。

在動物倫理中，各種持續不懈的嘗試都是為了縮小人和動物之間的存在學 (ontologie)[1] 的裂縫。但無論如何，非人的動物終究不是人這種動物。這樣人的本性還有意義嗎？

艾莉絲・德紹尼耶：就我來説，並沒有真正所謂人 [高於動物] 的本性。或者説，人的本性就如同貓的本性或鳥的本性。有許多事情是動物可以做但是人不行。依據他們所具有的能力，所有存有都是完美的。

尚傑・維瑪：當人們問我這個問題，我常開玩笑回答：人是唯一拒絕成為動物的動物，是唯一想要區別其他動物的動物。更嚴肅地説，我認為這個問題要求我們揚棄人類中心[2] 的觀點。在人類能力和動物能力之間，只有等級的差異而非本性上的差異。人類沒有特出的能力可與其他動物區別開來，而讓自己成為獨特的存在。[…] 如同英國哲學家羅素所説，如果我們能主宰動物，也僅是因為我們有能力摧毀他們，這是強者生存的法則。或許我們有別於牠們的是，我們擁有根據義務而行動的能力。但是這還有待論證。

在動物倫理中，有「福利主義者」(welfariste)[3] 和「禁用動物論者」(abolitionniste)。這兩種立場的區別為何？對你而言，何者比較站得住腳？

尚傑・維瑪：福利主義者捍衛動物享有更好生命的權利，而重新討論人類剝削動物的事實。相反的，禁用動物論者希望廢除以服務人類為目的而將動物當作手段來使用動物的所有作為，這涵蓋了飼養食用性動物到據有陪伴性動物。禁用動物論者最常挺身捍衛動物各項權利，而福利主義者則不必然如此。

艾莉絲・德紹尼埃（部落客）和尚傑・維瑪的訪談，《城市》期刊，2011 年 12 月 9-23 日，網站 penseravantdouvrirlabouche.com。

1 | 審定注：Ontologie 可以譯為本體論、存有論、存在學，都是形上學的別名，旨在探討存在之所以存在的學問。
2 | 僅以人的立場出發的觀點。
3 | 從英文「welfare」（福利）而來，意思是「活得很好」(bien-être)。

---

**哲學問題的時事反省**

這個訪談有助於你處理「我們應該尊重生命嗎？」這個主題。

a- 我們習慣上尊重的對象為何？是物還是人？

b- 吃植物而不吃動物的理由何在？因為植物沒有情感？還是因為植物在生命秩序上距離我們較遠？

c- 在動物之中，哪些是你想要保護的物種，而哪些對你則無關緊要？這之中是否有你偏好的邏輯？

d- 我們是否為了自己（為了自己的舒適，讓自己免於罪惡感），才致力於保護動物物種？還是就是為了動物本身？

練習1：掌握詞彙

解釋下面詞彙或表達的意思。

a. 字面和內涵（La lettre et l'esprit）

b. 活體解剖（Vivisection）

c.「精神，你在那嗎？」（Esprit, es-tu là ?）

d. 第一物質（Matière première）

e. 靈感／呼吸（Inspiration）

f. 物質主義／唯物論（Matérialisme）

g. 通靈論（Spiritisme）

h. 養殖動物的玻璃缸（Vivarium）

i. 團隊精神（L'esprit d'équipe）

練習2：反思概念 ▶見第四冊〈宗教〉

反省泛靈論（animisme）的概念。

1. 泛靈論 anima 字源上是拉丁文的「靈魂」，請由此定義泛靈論所信仰的是什麼。

2. 如何解釋泛靈論一詞也可以指某一種宗教？

3. 泛靈論必然是不理性的嗎？

### 練習2試答

1. 泛靈論相信，生命以及自然的元素（風、河流等）都有「靈魂」或「精神」。

2. 如果世界充滿靈魂，甚至是不可見的，我們應該對它們特別尊重，而且某些人還為它們獻上某種儀式。然而，泛靈論比較不是有組織的宗教，而是某種看待世界的方式。根據人類學家菲利浦・德斯寇拉（Philippe Descola）在《超越自然和文化》一書中的研究，泛靈論並不基於信仰，而是基於某些親身經歷。

3. 泛靈論似乎是像孩子般簡單的觀念，因為孩子會直接把事物當做有生命的存在，並擁有意識和活生生的意念。它最常出現在以祖先崇拜為基礎的「原始」宗教中。不過，有些非常嚴肅又理性的哲學，也同樣主張所有東西都是有生命的並充滿生息的，只是程度上的差別而已。（例如：萊布尼茲和史賓諾莎）。

練習3：分析例子

| 雷利・史考特的電影《銀翼殺
　手》場景，1982年。

在雷利・史考特（Ridley Scott）的電影《銀翼殺手》（Blade Runner, 1982）中，人類和有著人類外表的人形機器人爭鬥了起來。在這個場景中，人形機器人里昂・科瓦斯基正被迫作涂林測試。面對「你在沙漠中，一隻烏龜翻了過來，為何你不幫忙？」這個問題時，他殺了詢問者，因為他知道他即將無法通過測試。後來，另一個人形機器人普莉絲，反對以這個方式來區分人和機器，並引用笛卡兒宣稱：「我思，故我在。」（▶見第一冊文本閱讀1-1，27頁）。

艾倫・涂林（Alan Mathison Turing, 1912-1954）是英國數學家，他相信，在二十世紀末之前，自動機械和人類一樣思考是可能的。「涂林測試」建立在與他人不加考慮、隨機的對話。如果，在經過幾分鐘系列問答之後，人們仍無法判定對話者是人還是機器，那就顯示這個機器實際上跟人類一樣聰明。這個測試想要確定機器能否帶有智能，以及能否擁有認知狀態，也就是思想，或自我意識，甚至情感。

以下的對話就是「涂林測試」的真實紀錄。

測試者：你喜愛春天嗎？
實體：這要看我的心情。[…]
測試者：念一首詩給我。
實體：你過去忌妒的那位心胸寬大的女僕。她沉睡在簡樸的草坪上。
測試者：為何不將「心胸寬大的」換成「高雅的」？我覺得這樣更美。
實體：我比較喜歡原來那樣。
測試者：為何？
實體：你太不認真了。「心胸寬大的」和「高雅的」是不一樣的。
測試者：那麼把「她沉睡」換為「她悲傷地沉睡」。
實體：真的，我還是比較喜歡原來那樣。
測試者：為何？

實體：詩的韻律比較好。

測試者：這不是我的看法。

實體：你喜歡波特萊爾嗎？

測試者：是的。

實體：我也是。

測試者：為何？

實體：我認為他所表達的深刻情感常跟我所能感受一樣。而且或許也
　　　　因為它讓我回想起，我首次閱讀他的那個青少年時期。

測試者：你喜愛藝術？

實體：對。

測試者：你畫畫嗎？

實體：畫得不好。音樂比較吸引我。

測試者：你玩樂器？

實體：是的，鋼琴。

測試者：給我們來一小段吧。

實體：我沒有樂器。

1. 確定實體是人還是個機器，並證成你的答案。
2. 聊天機器人，或「聊天專員」，是能夠在網路上聊天的機器人程
　式。你可以去 cleverbot.com 瀏覽，並參加軟體的涂林測試。什
　麼樣的回答會使得你知道對方不是人類？
3. 現實上，機器能夠說「我想」嗎？它能思考嗎？它能夠模擬自己
　在思考嗎？
4. 你如何察覺到跟你在電話中通話的，只是個「聲音盒子」而不是
　人？

## 練習4：練習批判思考

　　在YOUTUBE上觀看墨西哥農夫唐・荷西・卡
門・賈西亞・馬天尼斯的影片，「與植物說話的人」
(l'homme qui parle avec les plantes)。他試圖與所種植的蔬菜建立
心靈的溝通，讓他的收益遠高過平均收益。
1. 找到至少兩個種植者信念的假設前提。
2. 他的故事哪個你認為是有道理的？關於巨大蔬菜的尺
　寸，你是否有進一步的解釋？
3. 植物在我們切掉它們時，會感到痛苦嗎？論明你的論
　點，並與不同論點的人辯論。

「就它們能夠理解的範圍內，或
許你對它們說得太多了。」（愛
梅・帕羅里尼的畫）

### 練習5：辯論

「並不是因為人類有手，所以他是最聰明的存在，而是因為他是最聰明的，所以有手。」（亞里斯多德，《論動物的部分》）

從亞里斯多德的話，各自解釋對立的兩個論題，論證這些解釋並對其中你覺得有道理的解釋，表達你的立場。

### 練習6：辯論

「並不是因為人生病，所以他死了，而根本上是因為他會死，人才成為會生病的存在。」（米歇爾‧傅柯，《臨床醫學的誕生》）

從傅柯的話，去解釋對立的兩個論題。論證這些解釋，並對其中你覺得有道理的解釋表達你的立場。

### 練習7：理解文本

在物理上，人們說物質有不同的「狀態」：固態、液態和氣態。若物質從一個狀態過渡到另一個，如何知道是否是同一個存在？如何定義這個存在？

我們拿剛從蜂窩拿出來的一塊蜂蠟為例子：它還尚未失去它所包含的蜂蜜甜味，它還保留著某些它所採集的花香：它的顏色、它的形狀、它的大小、它的樣子；我們碰觸它，是硬的，是冷的，如果你拍它，它會有些聲響。最終所有能用來清晰地去認識它為一個物體的東西，都在這塊蜂蠟上。但是在此，然而我說，人們將這塊蜂蠟拿去靠近火：這塊蜂蠟上的味道就散發出來了，芳香消失了，顏色改變了，[原來]形狀不見了，尺寸變大了，它變成液體，它熱起來了，我們幾乎無法碰觸它，無論我們如何拍打，它都不再會有任何聲響了。這同一個蜂蠟在其改變之後還是保持同一塊蜂蠟嗎？必須承認它還是保持同一塊蜂蠟；沒有任何人會否認。[…]這是值得關注的，我們對蜂蠟的知覺，或是說我們察覺它的動作，完全不是用眼睛，不是觸摸，不是個想像，不再是它之前之所是，儘管它還與過去相似，但僅僅是心靈的審視，會不完美和會混淆的，如同它過去那樣，或者清楚和明晰的，如同它。

笛卡兒，《形上學的沉思》第二章，Garnier出版，423-424頁。

論文寫作練習：分析這塊蜂蠟的例子。
就你來看，笛卡兒想說什麼？

### 練習8：結合參考資料 ▶ 見第三冊〈意識與無意識〉

美國哲學家希拉蕊‧普特南（Hilary Putnam, 1926-2016）在其著作《理性、真理和歷史》（Reason, Truth, and History, 1981）中提出所謂「桶中腦」（brain in a vat）的實驗。試著想像人們把你的腦和身體分開，把腦放在一個可以維持生命的培養桶中。這個腦同時連接到一台性能很好的電腦上，這台電腦可以模擬和身體神經系統習慣上所發出一樣的電子脈衝。

1. 你能否知道自己是不是桶中的腦？
2. 哪部電影會讓你聯想到這個思想實驗？進而讓你想到哲學史上的哪個論證？

## 練習8試答

1. 這個問題似乎無法事先判定真假的：沒有任何人能夠知道他的腦是在一個身體裡，還是在桶子裡。但是對普特南來說，縱使我們回答自己是桶中腦，我們還是無法指涉到實際的桶子，因為我們對桶子的概念，並不指向一個實際的桶子，而是電子脈衝可能讓我們思考到一個桶子。因此沒人能以合理的方式說自己是桶中腦。
2. 華卓斯基兄弟的《駭客任務》和約翰·卡本特的《黑星球》，居內和卡羅的《童夢失魂夜》等。在哲學史中，我們可以想到柏拉圖《理想國》的洞穴寓言（▶見本冊，129頁），聯想到笛卡兒的《形上學的沉思》中的惡靈實驗，也可以想到莊子的「莊周夢蝶」[1]。同樣都是對外在真實性的質疑。

│ 1 │ 在夢到蝴蝶之後，莊周醒來自問是否他真的是莊周夢到蝴蝶，還是一隻蝴蝶夢到自己是莊周。參見《莊子·齊物論》。

## 練習 9：結合參考資料 ▶ 見第三冊〈意識與無意識〉

1. 什麼是安慰劑效果？這個效果是作用在身體、腦，還是意識？
2. 什麼叫做「幻肢現象」？我們可以對這個現象給出什麼解釋？
3. 什麼是「身心」疾病？
4. 當你肚子痛的時候，你吃的藥物是治療你的肚子還是你的腦？
5. 關於精神和身體之間的關係，人們的推論結果是？

## 練習 10：分析引用

　　在以下引文中，柏格森做的是哪一種類型的推論？重新形成論題，而不要參考音樂 [的例子]。

　　大腦活動屬於心靈的活動，這個樂團的指揮棒的運動是屬於交響樂的。交響樂在各方面都超越了強調交響樂的各個動作；精神生命同樣也超出了大腦生命的範圍……

柏格森，《精神能量》。

練習11：反思生活日常 ▶ 見第三冊〈意識與無意識〉

　　《科學與未來》期刊第784號（2012年6月），一篇題目為〈肚子，我們第二個腦？〉的文章提到，在「腸神經系統」（有別於中樞神經系統）中有兩億個神經元。消化道因此是位居大腦之後，我們身體的第二個神經器官。它和大腦緊密溝通著。

1. 這種將肚子視為第二個腦的思考方式，對你來說是基於一些客觀事實，還是屬於某種意識形態？
2. 把肚子視為第二個腦，為何我們對這個看法會立即採取保留態度？因為習慣嗎？因為這樣推翻了自我的統一性嗎？還是有別的理由？

練習12：找出論文主題的問題意識

　　主題：是大腦在思考嗎？（2012高中會考）
　　回答問題並解釋哪個問題是提問重點。
1. 題目並沒有問是否精神在思考而大腦是作為物質器官。換個問法並強調這個面向。
2. 什麼是「思考」的意思：計算、反省、判斷、感覺？

練習13：分析論文主題 ▶ 見第二冊〈自由〉

　　主題：「我們能夠獨立於物質之外來思考精神嗎？」
1. 題目是否預設精神依賴於物質，還是獨立於物質之外？還是完全沒有預設？
2. 答案如果是否定的，是否意味著精神是物質的？而答案若是肯定的，就表示精神是非物質的嗎？
3. 這一章的哪些文本閱讀可以拿來協助回答此問題？

# 綜合整理

定義

**生命是個有機體，能夠透過自身與外在環境的關係吸收營養、自我發展，而得以繁殖。**
**物質是未被限定的基質（substrat），在不同的形式下組成所有的物體。**
**精神，對立於物質，是一種非物質的實在，但為了解釋思想之類的現象卻是必要的。**

提問 ···· **Q1：生命從哪來？**

癥結

生命和無生命之間的差異似乎是明確的，但是要在現實中加以界定卻是相當困難的。

答題方向

對笛卡兒來說，生命的運作與機器一樣，遵循著相同法則。對柏格森來說，相反地，它們是被特殊「生命衝力」所激發，但還是難以用科學方式來定義。

引述

「物質是無活力的，幾何學，必然性。但是生命會顯示出不可預測的和自由的運動。」（柏格森）

提問 ── **Q2：靈魂與身體的關係為何？**

癥結

相較於其他物體，靈魂是否更為細緻？或靈魂就其本性就是非物質的？

答題方向

盧克萊修等唯物主義者，把靈魂當作身體的一部分。但我們似乎不是因為身體才能思考，而是獨立於身體、甚至對抗肉體的靈魂。（柏拉圖）

引述

「人只是一根蘆葦，自然中最脆弱的；卻是會思考的蘆葦。」（巴斯卡）

**Q3：智能可以是人工的嗎？**

電腦似乎很容易能夠將智能程式化，然而電腦在與人類的競爭上卻會是失敗的。

亞倫・涂林對現在與未來資訊技術的進展，表示出巨大的信心。對赫伯特・德雷福斯來說，就人工智能運作與人類智能運作有著結構性的差異。

「人工智能僅僅能在客觀的、理性的層面操作。」（赫伯特・德雷福斯）

---

**論文寫作練習：針對以下主題提出詳細的論述大綱**

■ 「對於生命的科學認識是可能的嗎？」（人文組，2008）

■ 「體力勞動和智力勞動的對比有什麼意義？」（科學組，2007）

# 5 | 真理

Q1. 如何區別真與假？
Q2. 科學是所有真理的典範嗎？
Q3. 真理是相對的嗎？
Q4. 我們永遠都該說真話嗎？
▶見第二冊〈道德哲學導論〉、〈義務責任〉

「我正在說謊。」

這是一句自我反駁的話，讓我們面臨正反情況都是不可能的選擇：

——如果這個人說的是真話。那麼，「他正在說謊」就是真的，也因此他沒有說真話（與最初的假設背道而馳）。

——如果這個人說的是謊話。那麼，「他正在說謊」就不是真的，也因此他說的是真話（與最初的假設背道而馳）。

這段歷史上所記載的說謊者悖論的陳述，應該是由亞里斯多德的同輩歐布里德斯 (Eubulides) 所提出，有時會稱作「克里特島人的悖論」或「埃庇米尼德斯的悖論」。陳述如下：「克里特島人埃庇米尼德斯說『所有克里特島人都是說謊者。』」這句話似乎也等於在反駁他自己：

這幅圖是否能拿來比擬謊言？

| 莫里斯・艾雪（Maurits Cornelis Escher），《相對論》，1953年，石版畫。

——假如埃庇米尼德斯說的對，那麼「所有克里特島人都是說謊者」就是真的。但在這種情況下，埃庇米尼德斯應該也是說謊者，也因此不可能說真話，而違背了最初的假設。

——反過來說，假如埃庇米尼德斯說謊，那麼「所有克里特島的人都是說謊者」就不是真的。這樣一來，就無法說所有克里特島人是說謊者。如此一來，某些克里特島人不是說謊者，而其他人（如埃庇米尼德斯）卻是說謊者：在這層意義上這可以是悖論的一種「解答」。

| 一般看法 | 思考之後 |
|---|---|
| 一個陳述只會是真或假 | 真理（vérité）真正指涉的，到底是哪一種實在（réalité）？[1] |
| 首先，真實（真理）似乎是再簡單不過的事了：說出什麼是存在的、描述什麼是事實，不就夠了嗎？假如事實只有一個，而且是眾所周知，那麼抉擇就很簡單，因為只有兩種可能：人們說的是真的，或是假的。而後者可能是因為錯誤、無知或想要說謊。 | 真實（真理）與語言不可分割。因為說謊者悖論的陳述是「自我指涉的」（意思是這個陳述談到它自己），無法區分對錯，它無法判斷真假。但該如何思考這介於真與假之間無法確定的空隙，而這個空隙又如何能讓我們知道真理自身的本質是什麼？ |

1 | 審定注：vérité 在中文翻譯為真理或真實；réalité 在中文翻譯為實在、事實、現實或真實。

# 說謊者悖論讓我們陷入困境，
# 因為它使我們面臨無法清楚區分真與假的處境。

## 從定義尋找問題意識

### 定義

> 真理指的是一項陳述（斷言、命題）的特性，同時符合實在以及陳述自身。

### 一項陳述（斷言、命題）的特性

　　真理是關於我們對事物所形成的認知，而不是事物本身。跟命題內容本身的真假無關，而只在於我們如何可以判定命題為真或假。

> 「所有人都說謊……我自己也說過謊。假如我說我沒說過謊，這就成了謊言。」
> ── 電影《破曉》，馬塞爾・卡內（Marcel Carné）

### 同時符合實在

　　有時我們會將真理與實在混為一談。然而，如果真實指的是以某種方式存在的一切（包括情感、過去、抽象概念等等），真理就是屬於這個實在的判斷。真的論述應該是要符應（一致的或符合）這個實在。因此產生了如下說法：真理符應說（vérité-correspondance）、真理相符論（vérité-adéquation）、真理符合論（vérité-conformité），還包括物質性的真理。

### 以及陳述自身

　　一個真的論述不能落入自相矛盾的情況，它該是可被理解且邏輯上一致的。因此，人們會談論真理的一致性，或形式上的真理，因為真理取決於命題的形式，也就是各個命題之間被安排的方式。

## 定義提出什麼問題？

　　真理不在於事物的實在（réalité），而是在對這個實在的判斷。困難在於，當我們永遠無法直接觸及這個真實（réel），如何辨別這些與實在相關判斷的適切性。▶ Q1：如何區別真與假？

　　實在呈現出多種面向。而真理並不是都一樣：某些真理似乎要視情況而定，有的真理卻有絕對的必要性，尤其是在科學領域之中。▶ Q2：科學是所有真理的典範嗎？

　　然而人們仍有可能彼此不同意。每個人因此都會覺得自己是對的，而其他人是錯的，或擁有「它」自己真理的感覺，就如同真理可以是個人且獨特的，哪怕甚至破壞了普世、客觀與絕對真理的概念。▶ Q3：真理是相對的嗎？

# Q1：如何區別真與假？

**是否有一個準則，可以讓我們確知我們何時是對的，何時不是？應該參照哪些標準？**

## 1.「真」是符合實在的

「實在」與「不實在」用在事物本身，而「真」（vrai）與「假」（faux）則用在對事物的判斷。例如：太陽本身沒有真或假，它是實在的；而「太陽在動」是錯誤的陳述。至於事實，指的便是事物實際上之所是與人們對事物的認知相符（吻合）。然而有時，某些實在似乎直接被當做真或假。事實上，真或假不在於這些事物本身，而是在於那些人們對這些事物的描述（▶見文本閱讀1-1，117頁）。例如：假鈔、林布蘭真跡，或假指甲，當人們根據事物的外觀，來判斷是否符合人們之前形成的概念時，才有所謂真假的區別。

## 2.「真」是能夠被證實的

為了確保真，必須要等到能夠證實概念與事實之間互相吻合。威廉・詹姆斯（William James）因此認為真理並不是像某個概念一直會具有的某個特質 [意指，概念有其特質，真理則沒有自身的特質]：「大部分情況來說，真理是沒有根據的。」而人們必須要求它是可行的，它「可運作」，在某些時刻，能產生實際效果（▶見文本閱讀1-2，118頁）。例如：一個科學假設只有在它受到證實的那一刻，才能獲得科學真理的地位。

## 3.「真實」是一致的

如何判斷一句話的真實性（vérité），如果沒有任何「實在」可以符合它的陳述？例如：尤其像幾何學圖形，並非「實際上的」存在，而直線（定義上為無限）和點（定義上為沒有大小）也不「存在」於實際世界的某個地方。在這情況下，如果不要放棄數學作為真實論述的可能性（▶見文本閱讀1-3，119頁），人們會認為必需訴諸另一種判斷真理的類型。例如：數學計算結果（當 $X = 5$）以實際存在來比對並不是真的，因為 $X$ 並不存在於現實中。只有在假設與最初的陳述是一致時，才是為真（當 $X^2 - 9 = 4^2$ 且 $X > 0$）。真理因此指的是思想與自身的一致，也就是當思想透過形式上有效的論證，將思考的各個概念連貫起來。

**關鍵字區分**

形式上（formel）／物質上（matériel）

論證形式上的有效性，指的是論證上邏輯的特性，與物質的內容相反。

# Q2. 科學是所有真理的典範嗎？

**用於支配數學的真理型態適用於所有學科，甚至所有知識嗎？**

## 1. 科學的典範與其侷限

　　嚴格上來說，只有透過經驗所檢證的教導，似乎才能給予我們絕對的確實性，而未經確認的假設則永遠可能在未來才會被駁斥。這同時也是許多科學理論的情況，卡爾・波普（Karl Popper）對此說明，當這些科學理論有遭到反駁的可能時，它們才能被認為是真的。我們的理性認知因此建立在其他不同的基礎，這些基礎屬於巴斯卡稱作「心靈」的直覺能力。例如：是「我們的心靈」告訴我們是清醒的，以及空間裡有長寬高三個維度，因為理性無法論證這些真理。邏輯推論無法證明感性與敏感（finesse）（▶見文本閱讀2-2，121頁）。

## 2. 非科學的真理是存在的

　　宗教信仰有時似乎與某個科學論述衝突。兩種論述至少有一者是錯的嗎？在詮釋神聖經典時，是否應該聽從理性的教導，讓經典具有一致性，或是應該順從這種不一致？（▶文本閱讀2-3，2-4，122頁）如果唯一真理，是賦予存在意義的真理，那麼就不會有人宣稱，科學或哲學比信仰「更真」（▶見文本閱讀2-5，123頁）。宗教、藝術或愛等等，都如同科學理性，能夠給出真理。從這種區別來看，就不再只是「客觀」或普遍性的真理了。

# Q3. 真理是相對的嗎？

**通往真理的方式不同，是否就意味著真理是相對的，以及真理是取決於文化、時代以及個體的？**

## 1. 取消真理普遍性的嘗試

　　我們似乎很難相信，真理能夠自外於理解它的人而存在，而且就如笛卡兒所寫，它能以「清楚且明確」的方式被提出。對於相對主義者來說，普羅塔哥拉（Protagoras）是最出名的代表，真理並不以絕對的方式存在，而是取決於與認識真理的人的關係（▶見文本閱讀3-1，124頁）。每個人都有他自認的真理，所有看法都具有同樣價值，而這就等於認為真理並不存在，因為沒有任何能超越我們認知的多樣性。但如果剩下只有主觀看法以及當下感受的知覺，這種相對主義卻可能自我矛盾，因為它的陳述本身就像是普遍真理，而普遍真理並不存在。

---

**關鍵字區分**

直覺的（intuitif）／推論的（discursif）

直覺的認知是直接且立即的，而推論的認知是藉由推理的媒介，有步驟地進行。

**關鍵字區分**

客觀（objectif）／主觀（subjectif）

客觀的判斷是對事物本身，也因此不受到個人偏好所束縛。主觀的判斷則出於個人的特殊看法，反而只對捍衛者才有價值。

「**在一件藝術品面前，我們體驗到的真理，是沒有其他途徑能接近的。這就是藝術哲學意義之所在。**」——高達美

「**真理若是在庇里牛斯山這邊，山以外就是錯誤。**」——巴斯卡

**定義**

相對主義（Le relativisme）認為沒有絕對的真理，因而所有真理都是相對的，而且所有人的觀點都是對的，也因此根本沒有真理。

## 定義

懷疑論（sceptique）學派於公元前三世紀由皮羅（Pyrrhon）所創立，也同樣啟發了現代思想家如蒙田、休謨。因為他們追尋真理，懷疑論者採取「懸置」（épochè，「擱置判斷」，也譯為「存而不論」）這個方法，並拒絕去肯定或否定關於任何超過表象的實在。

## 關鍵字區分

普遍的（universel）／特定的（particulier）與絕對的（absolu）／相對的（relatif）

不能混淆相對的（取決於某一種看待事物的方式，與絕對的相反）以及特定的（只有在某個或某種特定情況才有意義，與普遍的相反）。假設所有人都有自己的看法（相對性），卻也都以同樣的方式（普遍性）看待事實，某個真理也可能因此同時是普遍且相對的。

懷疑論者的立場似乎更一致：不承認普世性真理的存在，因為這也是信奉一種學問，而他們認為暫且不對這個難以辨別真假的問題下定論是比較明智的（▶見文本閱讀3-2，125頁）。他們甚至懷疑，理性是否能夠觸及真理，並且選擇不去附和那些因為受到我們教條式反應而迫使我們追隨的意見。那麼真理對我們或多或少是不可接近的，或者難道真理本身的存在不就是應該被質疑嗎？

## 2. 真理視情況而定

介於真假之間根本區別的適切性值得認真研究。實際上，在論定一個陳述「皆真」或「皆假」之前，觀察論述的過程，說話者的意圖，以及對話者的期待是不可或缺的（▶見文本閱讀3-3，125頁）。例如：我們不能說「法國是六角形」本身是對或錯，因為對一個孩子來說，從它大致上的外觀來看，這意思上是對的，而對地理學家來說則是錯的。

# Q1. 如何區別真與假？

邏輯學家阿爾弗雷德·塔斯基（Alfred Tarski）提出一個例子來說明，真理的命題乃是陳述與事實之間的一致：「雪是白的」的陳述只有在且唯獨在雪真的是白色時才為真，但是這樣的定義是否在所有的情況下都是有效的？

*真理在事物之中或語言之中？*

**文本閱讀 1-1**

史賓諾莎

巴魯赫·史賓諾莎 Baruch Spinoza
1632-1677

史賓諾莎提出「真」與「假」這兩個字，在尚未因使用而演變之前的來源的解釋：它們起初是為了描述一些故事，而後才以隱喻的方式使用在事物上。

真與假的第一個意義似乎是從故事中而來；而當某個被述說的事實曾經真的發生，人們稱這個敘述為真；假，就是被述說的事實從未曾發生。爾後，哲學家便使用文字來指明概念與其對象的一致；也因此，我們稱為真的概念，是能夠顯示一個事物如同自身之所是；假的概念，其所顯示一個事物不同於這個事物實際上之所是。概念不過是心靈中自然的歷史或故事而已。而從那裡開始，我們以同樣的方式，透過隱喻來指無生命的事物；因此，當我們說真的金子或假的金子時，就好像金子在我們面前呈現出來，述說某些關於它是什麼，以及它身上有什麼、沒有什麼。

史賓諾莎，《形上學》，R. Callois譯本，「七星」叢書。
Gallimard出版社，1992年，260-261頁。

Q1：舉例來說，一顆假的鑽石，不就是一顆真的氧化鋯（是最傑出的模仿物）？兩者難道不是同樣的存在？

Q2：從什麼意義上我們可以說「真的人」或說「我真的很難過」？這是語言的濫用嗎？

| 視覺錯覺，《您在這裡》（*Vous êtes ici*），法國北部城市博比尼的馬克思街區，2007年。

**概念本身不是真的，而是被賦予為真**

威廉・詹姆斯並不是駁斥古典論點的 [ 事物與理智相符的 ] 真理相符論。而是修正並補全它：真實的「被證實為真」（看起來是真的 s'avère vrai），也就是要求成為真實。

一般認為，真實的觀念必須複製相應的實在。與其他流行觀點一樣，這個想法來自我們最日常經驗的類比。我們對可感知事物的真實觀念，的確是複製自這些可感知事物。閉上眼，然後想像掛在那邊牆上的鐘，你腦海就有鐘面的真實圖像或摹本。然而，除非你是鐘錶匠，否則你腦海裡的時鐘的零件不會太逼真，但只要不差太遠，它還算相應於實在。即使是將觀念進一步簡化為「零件」這個詞彙，這個詞彙還是可以對應實在；不過，當你談論的是時鐘的「計時功能」，或者時鐘發條的「靈活性」，就很難說這些觀念如何複製相應的實在。

你開始察覺到這裡有了問題。當我們的觀念無法明確地複製它的客體時，所謂「相應於客體」到底是什麼意思？[…] 實用主義一提出這個問題，它就看到了答案：真實的觀念是我們可以吸收、驗證、確證與檢證的觀念。錯誤的觀念則做不到這些。[…] 觀念的真理並非觀念內在固有的[1]不變屬性。真理發生在觀念上。因為種種事件，觀念才變成真的。觀念的成真其實是一個事件、一個過程：這個過程就是觀念對自己的檢證，也就是它的證實。觀念的有效性就是來自它的驗證過程。

詹姆斯，《實用主義》。E. Le Brun 譯本，Flammarion，1907年，143-144頁。根據原文校譯。

1 | 本質的。

---

**理解命題的論據 —— 文本閱讀 1-2**

**命題：** 真理是取決於實驗證明，它需要藉由實際效果來證實。也就是說它必須要顯示為有效與有用的。

**論據一：** 詹姆斯從一般看法出發並提出反駁。當我們談到時鐘的運行或彈簧的彈力，除非身為鐘錶師，不然我們真的知道自己在說什麼？當我們對確切的運作一無所知，我們怎麼可能在想法中「複製」這個事物？

**論據二：** 問題的說明與解決之道。傳統命題的缺陷在於它假設「真的」這個形容詞是某個永恆不變的既定事物，或是某個觀念的屬性。對詹姆斯而言，真理並非事先存在，並且獨立於我們能對它所做的驗證之外。真理會如同事件被重新定義，當這個事件成功通過驗證的測試之後。

**真的理解了嗎？** 為了知道某個觀念是對或錯，是否應該檢視其內涵？

（純）數學是真的嗎？

文本閱讀 1-3

羅素

伯特蘭・羅素 Bertrand Russell
1872-1970

　　這段文本的最後一句話因為很挑釁而出名，且讓人聯想到一個玩笑。但當所有推斷出的陳述，都是從最初始且未證實的假設推論而出，又如何能將數學這樣的系統當作真的。

　　純數學完全由斷言（assertions）所組成，而根據這些斷言，假設這個或那個命題對一切的事物來說是正確的（真的），那麼對這個或那個其他命題的事物來說也是正確的（真的）。關鍵的是不要問第一個命題是否確實為真，更別提我們對某個事物所假設的真實為何。這兩點是屬於應用數學（範疇）。在純數學中，我們從某些推論[1]規則開始，而能推論出假如某個命題為真，而其他的命題也當如此。這些推論規則構成了形式邏輯[2]原則的主要部分。接著，我們提出任何一個看似有趣的假設，並演繹出結果。假如我們的假設關乎是不管哪一個的任何事物，而不是針對某一個或多個特定的事物，那麼我們的演繹就構成了數學。數學因此可以定義為我們永遠不知道我們在說什麼，也不知道我們說的是否為真的領域。

羅素，《近期數學哲學的工作》，《國際月刊》，1901年，84頁。

1 | Inférence：邏輯演繹規則，能夠從某個概念過渡到另一概念。
2 | Logique formelle：處理推論形式，而無關乎推論內容，也就是無關乎推論所提到的對象。

Q1：製作一份表格寫出形式邏輯、純數學與應用數學各自的特性？

Q2：試想羅素提到的關於數學的基礎——「任何一個（看似有趣的）假設」可能會是什麼？

Q3：從你自身經驗來看，你會認為數學陳述的真實性是立足於現實，還是它與其他數學陳述（定義、定理等等）之間的連結？

# Q2. 科學是所有真理的典範嗎？

**假設真理本質上必須為一且唯一，它可以有不同來源嗎？相反地，由科學提出的唯一有效真理典範是否存在？**

| 中古世紀的世界奇想呈現，《大氣層：流行氣象學》，繪圖，十八世紀。▶ Q：科學態度是否建立在永遠追求超乎表象的真理之上？

**文本閱讀 2-1**
休謨

大衛・休謨 David Hume
1711-1776

**定義**

經驗知識是建立於經驗之上，而非內在的概念上。

1 | 歐幾里德（Euclide），《幾何原本》等所有古典幾何學基本論述的作者。

*各種「事實」*

　　休謨在此區分了兩種知識：數學論述（若與論述相反，會導致矛盾的問題），以及經由我們反覆觀察而得到的經驗知識，兩者並不相等。

　　所有人類理性或研究的一切對象可以自然分為兩種，就是觀念的關係（Relations of Ideas）和實際發生的事情〔或稱事實〕（Matters of Fact）。第一種對象包括了，幾何、代數、三角諸科學；的確，每個主張，不是具有直覺性就是論證性的確定。「直角三角形斜邊的平方等於兩邊之平方」這樣的命題，表示出那些形象間的一種關係。又如「三乘五等於三十之一半」這樣的命題，也表示那些數目間的一種關係。純粹透過思想作用，就可以發現這類命題，並不必依靠於存在於宇宙中任何地方的任何東西。自然中縱然沒有一個圓或三角形，而歐幾里德[1]所解證出的真理也會仍然是確實性和自明性。

　　至於人類理性的第二對象——實際發生的事情〔或稱事實〕——就不能以同一個方式下得出；而且我們並沒有那麼堅實的基礎來思考這些事實〔一定〕是真。任何各種事實的反面還是可能的，因為這從

不意味著某種矛盾，而且人的心靈也很容易、清楚去設想到，就像它可以是完全符合實在一樣。「太陽明天會升起」的這個命題，和「太陽明天不會升起」這個命題，是一樣可以理解，一樣不矛盾的。因此可能會浪費時間去論證（純粹用邏輯來證明）它的謬誤。

休謨，《人類理解研究》，第四章〈關於理解的一些懷疑〉，第一部分，根據原文校譯。

Q1：休謨區別了哪兩種真理？
Q2：休謨為何說「各種事實的反面還是可能」？如何形容這一事實？
Q3：你確定太陽明天會升起嗎？請論證你的回答。

幾何思維與細膩思維

文本閱讀 2-2

巴斯卡

布萊茲・巴斯卡 Blaise Pascal
1623-1662

　　發現真理要借徑幾條路。一方面，首要的原理要讓心有所感受。另一方面，為了要好好判斷與審慎決定（例如做出醫療診斷或下判決），需要有別於邏輯理性之外的細膩判斷。

　　幾何思維與細膩思維之間的差異。

　　其一，[在幾何思維上] 原則是具體可觸的[1]，但遠離日常應用：因此人們很難轉向這方面，因為不習慣：但一旦轉向它，人們就幾乎可看見這些原則；除非思維完全錯誤才會對這如此重大、不可能遺漏的原則產生錯誤思考。

　　但在細膩思維上，原則就在日常應用中，並在眾人眼前。人們只稍轉過頭去，也不需要激烈；問題在於 [對這些原則] 有良好眼光，但它必須要是好的：因為原則是如此細微且數量繁多，因此幾乎不可能不遺漏掉。然而，遺漏一個原則就會導致錯誤；如此一來，就要對一切原則有著清晰的眼光，接下來，是要有正確的思維才不會對眾所周知的原則產生錯誤推論。

　　所有的幾何學家，如果他們有良好的眼光，應該都是細膩的，因為他們不會對所知道的原則進行錯誤推論：而細膩思維的人，如果能夠將目光投向自己所不熟悉的幾何學原則上，應該也可以成為幾何學家。

　　而某些具有細膩思維但不是幾何學家的人，是因為他們完全未能轉到幾何學原則上：但這些幾何學家不細膩的原因，在於他們沒有看見眼前的事物，因習慣於幾何學清楚且粗略的原理，且只有在清楚看見且操作原理時才能進行推論，他們在細膩事物面前便迷失了，因為該原則是不能用這樣的方式來掌握的。這些原則幾乎看不見；我們感受得到，而不是看到它們；那些感受不到它們的人，別人是無法讓他們感受到的：這些是如此細微且數量繁多的事物，必須要有細膩與清

「原則能被感受，命題可被推論。」

## 關鍵字區分

原則（principe）／推論
（conséquence）

原則是首要的概念（例如定義）或定義的要素（例如時間、空間、數量）等不需要被定義者，或甚至是原因與主要的規則。有時，要能夠應用已知原則（它的推論），或是理解該原則，比從問題中將之釐清來得困難。

楚的感知才能感受 [⋯]。也因此少有幾何學家是細膩的，或是很少有細膩的人從事幾何學，因為幾何學家想要以幾何學方法來處理這些細膩的事物，而顯得可笑，打算從定義開始，接著進入原則，這卻不是可以用這類推論來面對 [細膩事物] 的方式。[⋯] 至於細膩思維卻相反，習於一眼就下判斷，——當人們向他們提出某些命題主張而他們無法理解並無從切入，而是必須要透過如此枯燥的定義與原則時，他們不習慣如此細節看待，——他們如此驚愕，以至於對之加以駁斥並感到厭惡。

但錯誤的思維從來都不是細膩的或屬於幾何學的。

巴斯卡，《沉思錄》，GF系列，2004年，160-161頁。

Q1：對巴斯卡而言，我們在幾何學上遭遇的困難是什麼？
Q2：為何細膩的思維需要理性與經驗？

---

**文本閱讀 2-3**

根特的昂希

根特的昂希 Henri de Gand
1217-1293

*信仰真理與知識真理（1）*

信仰與科學似乎是相互違背的。這兩者皆被假定為真理來源，是否可能其中之一出了錯？

1 | 宗教的真理。

神學真理[1]與哲學真理在一切事物上都是一致的，而哲學真理是引導向神學真理的手與朝之邁進的一步。基於這個原因，根據哲學原理所建立的論證似乎與信仰及神學真理背道而馳，因為後者並非建立在真正的哲學原則之上，而是出自於人類活動的錯誤。

根特的昂希，《神學大全》，為 Luca Bianchi 於《一段「雙重真理」的故事》中所引用。
Vrin出版社，2008年，36頁。

---

**文本閱讀 2-4**

阿威羅伊

阿威羅伊（伊本・魯世德）
Averroès (Ibn Rushd)
1126-1198

*信仰真理與知識真理（2）*

1 | 神的彰顯，祂的話語被收錄在神聖經典上而傳給人類。

2 | 這問題顯然是從信徒的角度（無論是哪一宗教）所提出的，因為對非信徒而言，啟示經文不會帶來任何真理。

既然這一啟示是真理[1]，而它呼籲要踐行能確保對真理認識的理性檢驗，那我們，穆斯林們[2]，知道透過論證檢驗的可靠科學絕對不會與啟示經文所帶來的教導有所矛盾：因為真理不可能會與真理相違背，而是彼此一致且證明它是有益。

假使如此，[理性] 論證的檢驗會產生對某個存在之所是的知識，無論為何。而兩者之其一：啟示經文可能對該存在緘默，也可能對這一存在陳述了某個知識。第一種情況下，甚至沒有任何矛盾的問題 [⋯]。而第二種情況，兩者之其一：可能陳述[3]最顯然的意義與論

證的結果相符一致，或者互相違背。如果一致，就沒什麼好說的；但如果有矛盾，就必須要詮釋其最顯然的意義。

我們所謂的「詮釋」，是要將字詞的本義帶到它的轉義上[4]。

阿威羅伊，《關鍵演說》，Geoffroy與Mahfaud譯本。「GF」系列，Flammarion出版，119-121頁。

3｜啟示經文中一目了然的意義。
4｜隱喻的修辭。

---

**文本閱讀 2-3、2-4**
1. 根據這兩篇文本，信仰是否永遠與理性一致？
2. 兩種真理是否可能相互違背？

---

*對存在主義的真理看來，客觀真理並不重要*

**文本閱讀 2-5**
齊克果

索倫・齊克果 Søren Kierkegaard
1813-1855

雖然客觀與科學的真理對個人而言沒有深刻的意義，並讓人覺得無所謂。齊克果等待真理向他指出他存在的意義。就如同他在《日記》中提到：「真理是我內在活生生的東西。」

要理解的是我的目的地，要知道上帝最終要我做什麼；這涉及到找到對我而言是真理的真理，找到讓我可以為之生與為之死的理念。而找到一個所謂的客觀真理，並使我滲入各種哲學系統中，直到能夠對這些哲學系統進行檢視並能夠指出每個系統內在的前後不一，對我有什麼用處。發展國家的理論，加以從四方而來竭盡的細節，組合為一個整體，打造一個我不會生活在其中，而只會透過別人眼中倒影所看到的世界，這對我有什麼用處？能夠闡述基督宗教的意義、能夠解釋其中許多獨特的現象，因而卻對我自己與我的人生沒有任何更深層的意義，這對我有什麼好處？[…]假如沒有為之可以活下去的理念，真理會是什麼？

齊克果，《日記》，K. Ferlov與J. -J. Gateau譯本，Gallimard出版，51-53頁。

## Q3. 真理是相對的嗎？

**對哲學家來說，相對主義的假設應當受到譴責，因為相對主義的假設質疑了絕對真理普遍性的重要性，並破壞了對它的信念。也就是相對主義的假設所構成的主要挑戰。**

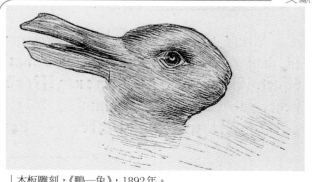

文本閱讀 3-1

柏拉圖

柏拉圖 Platon
公元前 427-347

*人是萬物的尺度*

柏拉圖這裡談的是他最大的敵手之一普羅塔哥拉。後者捍衛一種徹底的相對主義：所有主張都是真的。

蘇格拉底：[普羅塔哥拉] 說實際上，難道不是如此，人是萬物的尺度，是存在者之所以存在，是不存在者之所以不存在的尺度。你應該讀過吧？

泰鄂提得斯：我甚至經常讀它。

蘇格拉底：以下就有點像他所說的：每個事物呈現在我面前，對我而言就是它所是的的樣子，而它呈現在你面前，同樣的，對你而言又就會它之所是的樣子；[…] 讓我們跟他的推論。有時候難道不會正好發生，當同樣一道風吹過的時候，有人覺得冷，而另一人並不這麼覺得嗎？也可能一個人會覺得有點冷，另一人感覺會非常冷？

泰鄂提得斯：經常如此。

蘇格拉底：在這情況，風本身，對只涉及風來看，我們該說風是冷的或是不冷的？還是我們應該用普羅塔哥拉說法，覺得打寒顫的人風就是冷的，不打寒顫的人就是不冷的？

柏拉圖，《泰鄂提得斯篇》，152 篇 a-b 段，M. Narcy 譯本。
「GF」系列，Flammarion 出版，153-154 頁。

### 關鍵字區分

主觀的（subjectif）／客觀的（objectif）

主觀的判斷取決於特定主體的觀點。客觀的判斷只考慮客體本身，不顧所有觀點。

Q1：就普羅塔哥拉而言，「風本身」的特性有哪些？
Q2：如果人不是萬物的尺度，那什麼才是？

—— 文獻資料 DOCUMENT ——

### 心理學：鴨兔錯覺

旁邊的圖案呈現的是兔子還是鴨子？這端看我們從哪個角度來看。是否應該推論出感知是視角的問題，以及感知取決於觀察者的主觀立場？

| 木板雕刻，《鴨—兔》，1892 年。

只能看到表象

**文本閱讀3-2**

第歐根尼

第歐根尼・拉爾修 Diogène Laërce
約公元3世紀

假如真理存在，我們是否有機會觸及它？假使我們僅限於在我們表象上認知，也就是事物對我們的呈現，而我們無法進入到事物本身，這疑惑便成立。

　　皮羅[1][…]主張，沒有美、醜、公正、不公正，沒有什麼是真正的且以某種真實的方式存在，有的只是人按照習俗與法律來管理一切事物。因為一件事物不僅是這樣或那樣。他的生命說明了他的理論。他不避開什麼、無所防備、支持所有、不惜被馬車撞上、掉入坑洞、被狗咬，總之，根據他的感受，什麼都不信。[…]

　　基於他們的哲學思想，他的弟子因他們導師而被稱為皮羅主義者，也被稱為無知者、懷疑論者、持疑者、探尋者。探尋者，是因為他們四處尋找真理；懷疑論者，因為他們觀察一切，卻未曾確實找到任何東西；持疑者，因為他們追尋的結果是懷疑。[…]

　　懷疑論哲學家耗費時間在破壞其他學派的信條，自己卻從來不建立什麼。

第歐根尼，《名哲學家的生平、學說與格言》，第九冊。
「GF」系列，Flammarion出版，1965年，191-196頁。

| | [1] 皮羅（Pyrrhon d'Élis，約公元前365-275年），懷疑學派奠基者，我們從他弟子的著作中知道他的學說。

Q1：懷疑論者相信真理的存在嗎？
Q2：如何證實一位懷疑論者錯了？

對或錯？一切視情況而定

**文本閱讀3-3**

奧斯丁

約翰・奧斯丁 John L. Austin
1911-1960

對奧斯丁來說，大多數的陳述遠超過對事物簡單的描述。這也是為何只有脈絡（contexte）才能夠決定一項陳述的真或假。

　　難道這些良善、正義、公正與價值的問題，都完全與真或假的問題毫不相關嗎？這不是黑與白之間的簡單問題：認為這是陳述與事實相符或不相符，如此而已。

　　至於我，我不信。拿如下說法來說：

　　——法國是六邊形
　　——拉格倫勳爵打贏了阿拉馬河戰役
　　——牛津距離倫敦一百公里遠

針對如上的說法[1]，我們的確可以問「真的或假的」。但這只有在順利情況下，我們才應該期待最終會有「真或假」的回答。提出該問題

| | [1] 斷言。

時，我們明白該陳述必須或多或少要與事實做比對。這是理所當然。因此拿法國與「法國是六邊形」做比對。怎麼說呢？是真的還不是？問題，我們看到的是簡化過的。如果可以的話，到某個程度，我們知道您想說的是什麼，對某對象，或對某一主張，對一般人這或許行得通，但對地理學者就行不通。以此類推。這是一種粗淺的說法（assertion-ébauche），如果您想這麼說的話，但我們不能就說它是錯的。[…] 在「真的」的標題下，我們所擁有的根本不是一種簡單的特質、也不是關係、也不是任何一種東西，反而是整個評論的面向。我們可以對這評論形成一種概念，也許不太清晰：清楚的是，在這單一面向中有許多東西要考量並衡量──沒錯，就是各種事實，還有說話者的情況，他說話的目的、他的群眾、針對的問題等等。[…] 我們所需要的，對我來說，是一種我們在做時同時也在說的新學說，同時可完整又普遍。

奧斯丁，〈行為語句─描述語句〉（Performatif-Constatif），《分析哲學》，1962年。根據原文校譯。

Q1：對奧斯丁而言，真與假之間的差異是程度上還是本質上的？一般看法又是什麼？

Q2：奧斯丁究竟是基於什麼來決定陳述的真實或錯誤？

Q3：指出奧斯丁的推論是基於歸納。

### 從文本到論證──文本閱讀3-1、3-2、3-3以及文獻資料

透過文本與資料，以及你個人的反思，思考如下主題：「我們能說『每個人都有各自的真理』嗎？」

── 回答「不能」：這難道不會反過來限制思想自由嗎？是否表現出不寬容、藐視他人的想法？

── 回答「可以」：這不就導向承認真理是多樣且不能彼此溝通的？

── 當我們說「每個人都有各自的真理」時，我們所理解的真理究竟是什麼？請找出一個等同的措辭。

## 繪畫

## Q：一張圖像能否說出事實？

荷內・馬格利特，《圖像的背叛》，1929 年

Ceci n'est pas une pipe.

荷內・馬格利特（René Magritte），《圖像的背叛》（*La Trahison des images*），1929 年，油畫（60×81 cm），洛杉磯郡立美術館。

### 作品說明

　　這張於 1929 年完成的畫作，是馬格利特在 1928～1966 年間，描繪影像與物品的關係中最有名的作品。那是個深受戰後影響的年代，尤其強調超現實主義，並對上個世紀的價值提出質疑。

### 事物與它的再現

　　該畫作以雙重角度質疑真理。首先，畫中寫著「這不是一支菸斗」的說明文字，這與人們一眼就可以看出，非常寫實且精準地再現一支菸斗的畫，產生了矛盾。接著，畫作題名為《圖像的背叛》，本身便要求一種解釋。第一層的分析，作品的意義似乎是明顯的：作品要我們善加區分現實上真的可以抽的菸斗和畫中所再現的菸斗的差別。接著，要我們當心那些會騙人的「圖像」。

### 一種不可能的真實

　　這個詮釋不能令人完全滿意，因為「這不是一支菸斗」的說明文字，本身是出現在畫作上，也因此是完全融入「形象」的

「*如同我所認為，繪畫的藝術，所再現各個事物，是為了讓它們可以去抵抗習慣性的詮釋。*」——馬格利特

一部分。這難道不也加入了謊言之中？當畫作的題名明白宣告了背叛，謊言還真的存在嗎？我們看到的是，畫作是一團謎，不難令人想到說謊者的悖論（▶見第112頁）。

　　所以要將詮釋推得更遠一點：我們接觸到的只是菸斗的各種表面形象，無論這些形象是視覺的、可觸碰的或可聞的？這因此提出了如何知覺到事物的問題。

### 謊言與真實

　　再說，畫中說明文字的「這」，是表示畫中的菸斗，還是這句話本身？嚴格來說，「這」在文法上表示某項未被指出的事物（有別於「那」），而在這意義上，指的是「這不是一支菸斗」這句話並不是一支菸斗，也就是不應該混淆語言與事物。這幅矛盾的作品也因此提出了多種可能的詮釋，當觀者自問「這要呈現什麼？」並尋求他認為畫中所隱藏的意義時，作品就將觀者從觀畫的慣性反應中轉移開來。

　　因為它顛倒了我們的反應與思考習慣，使我們重新認識表象之後的事物，因此馬格利特的作品近似一種哲學思考。

---

**練習：一個形象可能並沒說出真實是什麼？**
1. 如果這不是菸斗，這是什麼？
2. 為什麼這幅畫會形成了一種挑釁？
3. 解釋作品的標題。

## 柏拉圖，《理想國》「洞穴寓言」

# Q：我們是否是囚犯而不自知？

### 1. 人類處境的場景安排

洞穴寓言的描述是所有哲學中最著名的文本。蘇格拉底在這文本中，以一群被束縛奴隸的樣貌來描繪人類的處境，他們不知道身在何處，也不知道自己在做什麼。在他們面前上演者一齣真實的傀儡戲，只要我們繼續忽視真正的事實與善，我們就一直處在無知的狀態。

### 2. 透過哲學解放

只有哲學家才有能力喚醒這些麻木的囚犯，他們甚至不知道自己是囚犯。他必須引領他們走向更高、更光亮的實在，但因為過於習慣黑暗中的舒適，這對他們的眼睛來說也更刺目。在這豐富的寓言中，無知不僅被描述成被動的狀態，更像是確實的俘虜。然而，大多數的人都心甘情願地滿足於其中。

定義

> 寓言是以明確但具象徵的方式，透過形象化手法去描繪抽象概念。寓言的每個元素都代表著某個事物，並具有隱含、需要解釋的意義。

|《柏拉圖的洞穴寓言》，法蘭德斯畫派，十六世紀，法國杜埃市查爾特勒修會博物館。

## 作品介紹
——
### 柏拉圖

柏拉圖 Platon
公元前 427-347

《理想國》是一部極具企圖心的著作，柏拉圖在此探討正義以及可以獲得正義的方式。在個人層面，他指出最正確的生活，就是最好也最幸福的。但正義也需要從和他者的關係來考量。從政治的角度來看，柏拉圖構想的是一個遵循精確規則的城邦。藉由嚴謹的規劃，孩子可集體受教育，並受到引導走向符合他們天性的活動，城邦居民都能在社會中找到自己的位置與職業。統治這些城邦的各個領導人將會是哲學家皇帝，可以將他們特有的理性付諸實踐。

這篇寓言運用了想像力，然而它卻被認為說出了某項真的事情。

蘇格拉底：接著，將我們受過教育及未受過教育的本質與這類的經驗做一比較。注意此例，有些人在地底如洞穴的居所，有條與整個洞穴一樣寬的入口光線由外向內投射，他們從小便在其中，雙腳及脖子皆上枷鎖，所以在那兒只有維持向前方看，他們的頭由於枷鎖的緣故無法轉動；火光是在他們身後上方及遠處燃燒，在火與囚徒之間有條高起的通路，注意沿著它建一道牆，就像變戲法者在這些人面前安置的影幕，在影幕上他們展現戲法。

洞穴內的火光就等於是外面太陽的光。

這些操控者將其他人當作孩童。

葛勞孔：我注意。

蘇格拉底：那注意沿著此牆有人帶來各式各樣的高過牆的工具，雕像及其他由石頭，木頭與所有材料製作的動物，帶這些事物的人有些可能在說話，有些可能保持沉默。

葛勞孔：你說的是一奇特的意象及一些奇怪的囚徒。

蘇格拉底為什麼站在囚犯，也就是無知者這一邊？

蘇格拉底：他們與我們相似；因為首先你認為這樣的人會看到自己及對方的任何其他事物，除了那些由火投射在洞穴中於他們正對面的牆上的影子嗎？

葛勞孔：怎麼會，若他們被迫終生保持頭不動的話？

蘇格拉底：那些被帶來的東西又如何？他們看到的不是這相同的事嗎？

葛勞孔：當然是。

蘇格拉底：若他們能相互對話，你不認為他們會給他們看見的事物命名嗎？

葛勞孔：一定會。

蘇格拉底：若監獄從對面的牆傳來回音呢？當某一位經過的人說話，你認為他們會認為有任何有別於經過的影子的事物在說話嗎？

葛勞孔：以宙斯之名為誓，我不認為。

蘇格拉底：這樣的人完全不會視有別於這些工具的影子任何其他事

物為真。

葛勞孔：相當必然。

蘇格拉底：那探究他們從枷鎖及愚蠢中釋放及痊癒，這會是什麼樣子，若這類的事自然地發生在他們身上；當有人被鬆綁而且突然被迫起身及轉動脖子，並走動與向上朝光看，但做這一切他感到不適而且由於炫目的緣故，他們無法看那些之前看它們的影子的事物，你認為他會說什麼，若有人對他說，他之前所看到的都是無稽之物，但現在由於他更接近「是」者及較轉向「是」的事物，他看的較正確，特別是向他指出經過的每一件事物及強迫他回答它是什麼的問題？你不認為他會感到迷惑及認為先前所看之物比現在所指之物更真嗎？

假如奴役狀態象徵著無知，其解放就是教育。

為何這個解放如此痛苦？要形成自己的意見很困難嗎？

葛勞孔：更加認為。

蘇格拉底：那麼若有人強迫他看向光，他的眼睛會不舒服及轉向逃至那些他可看之物，且認為這些事物真的比那些所指的事物更清晰嗎？

為何囚犯對自己的自由顯得如此不情願？

葛勞孔：是如此。

蘇格拉底：若有人強力拖他從那兒經過顛簸及陡升的向上通道，且不放他走，直到把他拖出至太陽光下，被拖之人不會感到痛苦及不悅，且當他來到光前，雙眼滿溢光線無法看到任何一個現在被稱為真的事物？

教育是辛苦的，需要時間與實踐。

葛勞孔：他確實不能，至少在當下。

蘇格拉底：或許他需要習慣，若他想要看在上面的事物。首先他會以極輕易的方式看那些影子，然後在水中人們及其他事物的影子，再來是事物本身：從這些事物他會較容易看在天空中的事物及在夜晚的天空自身，注視著星光及月光，與在白天注視太陽及陽光比較。

眼盲狀況開始緩解。

葛勞孔：怎麼不是呢？

蘇格拉底：最後，是直視太陽，不是它在水中及在奇怪的位置中的影像，而是在自己的位置上的太陽自身他能看到及注意它為何物。

葛勞孔：這是必然的。

蘇格拉底：接著他現在或可對它下一結論，它提供季節，年歲及統治在可見區域中的萬物，且以某種方式是他們所見的那些所有事物的原因。

葛勞孔：顯然，他會走向這些事物之後。

蘇格拉底：然後呢？當他想起一開始的住處，在那兒的知識及當時一起的囚徒，你不認為他對此改變感到快樂，但同情那些囚徒嗎？

葛勞孔：當然。

蘇格拉底：若在當時有屬於他們之間的榮譽，讚美及獎賞，若有人以最精準的方式看經過的事物及最記得那些事物經常先通過，哪些後通過及哪些同時通過，且在這些事物中最有能力預測將要來到之物，你認為此人會想要擁有這些東西及嫉妒這些被囚徒們所榮耀的快樂之人，或他會與荷馬有同感而且十分想要以農奴的身分為他人工作，此人一貧如洗，並經歷任何苦難，更勝於想要有那些看法及以那些方式生活嗎？

葛勞孔：我如此認為，他寧願接受一切苦難，也不願以那種方式生活。

蘇格拉底：那想想此事。若這種人再次走入洞穴而且坐在相同的座位上，他的雙眼不會滿是黑暗，突然從太陽那兒來？

葛勞孔：當然。

蘇格拉底：在分辨那些影子上或他必須再次與一直是囚徒之人競爭，當他看不清時，在眼睛恢復前，若習慣的時間不是相當短，他不會造成笑話，且關於他會有此一說，他向上走回來帶著敗壞的雙眼及不值得向上走嗎？任何嘗試釋放囚徒及引領他們向上的人，若他們能以任何方式將他提在手中及殺他，他們會殺他？

葛勞孔：一定會。

蘇格拉底：這個意象，我親愛的葛勞孔，一定要被附加在所有先前的論述中，藉由視力而顯現的區域是與監獄的住處相似，在其中的火光是相似於太陽的能力；可是若你認為向上走及看上面的事物是靈魂朝可思的區域的向上之路，你沒誤解我的想法，因為這是你想聽的。想必神祇知道這是否為真；可是這些現象是如此地現身於我之前，在可知的領域中最後被看到的是善的理型而且費力，當看到它之後要推論它是在一切事物中的所有正確及美的原因，在可見領域中它生出光及光的力量，在可思領域中它自己是統治者，是真理及理解的供應者，且任何想要在私或公領域上慎行之人皆應看它。

葛勞孔：我也有同樣的想法，以我能夠的方式。

蘇格拉底：那來，也對此有同樣的想法而且你不會感到驚訝，來到這兒的人不想要從事與人有關的事情，而他們的靈魂總是渴望自己與上面交流；想必這確有可能是如此，若根據所敘述的意象這是事實。

葛勞孔：這的確可能。

蘇格拉底：然後呢？你認為這是令人吃驚的事，若有人從神聖之物

處回來，我說，看向俗世的諸多惡事，他會有不合宜的行為及看來相當可笑，當他依然視力模糊時，且在他充分習慣現在的黑暗前，若他被迫在法庭或其他地方，想必，參與關於正義的　影子或塑像的影子的競賽，且激烈競爭此事，這些事究竟如何被不曾見過正義自身的人們所瞭解？

葛勞孔：這一點都不令人吃驚。

蘇格拉底：然而若有人神智清楚，我說，他會記得眼睛不清有兩種及來自兩種原因，當他從光亮處轉移至黑暗處及從黑暗處至光亮處。相同的道理也發生在靈魂上，當他看到一混淆的靈魂及無法看任何事物，他不會不合理地嘲笑，而會探究他是否來自較亮的生命，由於尚未習慣而昏暗，或從較無知的生命走進較明亮的生命，由於較明亮他充滿了目眩，因此他會認為前一個靈魂在經歷與生活上快樂，後一個則令人同情，且若他想要嘲笑後者，他的嘲笑會是較不荒謬，與嘲笑來自上面光亮處的靈魂相較。

葛勞孔：你說的相當中肯。

蘇格拉底：關於這些事，我說，我們應該有諸如此類的看法，若它們為真：教育不是某些發言者所說的那樣。想必他們說他們將知識置於沒有知識的靈魂中，就像將視力置於瞎盲的雙眼中。

葛勞孔：他們確實這麼說。

蘇格拉底：但其實我們的論證，指出這個在每一個人的靈魂中的能力與工具，藉由它每個人可學習，就像若眼睛無法以不同於和整個身體一起的方式從黑暗轉向光明，同理須以和整個靈魂一起的方式這工具從生成事物轉向「是」者，直到它有能力承受觀看「是」者及「是」者中最明亮之物；這我們說是善。不是嗎？

葛勞孔：是的。

蘇格拉底：那關於這事，會有一技藝，關於這轉向，以什麼方式它最容易及最有效地轉向，不是指視力置於它之中，而是它已擁有視力，但它不是以正確方式轉向，也不是看向該看的地方，要設想此事。

葛勞孔：看來是。

蘇格拉底：那其他被稱為屬於靈魂的德性似乎多少也是屬於身體的德性：它們之前確實真的不存在於其中，之後藉由習慣與練習被置入；可是關於思想的德性是比一切事物都更神聖，看起來，它從未失去其能力，但藉由轉向它變得

有用及有益，無用及有害。或你不曾注意過，那些據說是拙劣的人，但是聰明人，的靈魂以何等銳利的方式看及何等敏銳的方式看透這些它所轉而面對的事物，因此它不具有劣質的視力，但被迫為惡服務，以致於它看得愈清晰，為惡愈多？

葛勞孔：我當然注意到。

蘇格拉底：然而，這種本質的這部分若從小就被傷害及截肢，成為生成的近親，就像是鉛塊一樣，它們以食物及關於這類事物的快樂及貪婪長在它身上，並將靈魂的視力向下轉，若它與這些事物分離，並轉向真理，同樣的人的相同的這部分以最精準的方式看那些事，就像它現在轉向的事物。

葛勞孔：確實可能。

蘇格拉底：然後呢？這不可能嗎？我說，從之前的論述這是必然的結果，那些沒受過教育及無經驗過真理之人將無法適切地管理城邦，那些被允許將一生花費在教育上的人也不行。因為前者在他們的生命中沒有一個目標，為了達成它，他們應該在私與公的領域從事一切的事情，後者因為他們不願意工作，認為自己會移居至受祝福之人的島上，當他們還活著時嗎？

葛勞孔：這是真的。

蘇格拉底：我們身為創建者的工作是強迫這些最佳的本質來到我們剛才說的最重要的學習，強迫他們看善及邁出那上升的步伐，且當上升後他有充分地觀看，不允許他們做現在被允許做的事。

葛勞孔：是什麼事？

蘇格拉底：佇足在自己的事上，且不願意再次下來到那些囚徒身旁，也不想分享他們的勞動及榮耀，無論較拙劣或較優秀的。

葛勞孔：因為，我們將不當對待他們，且令他們過較糟的生活，當他們可以過較好的生活嗎？

蘇格拉底：你又忘了，我的朋友，依法它不照顧此事，在城邦中有一階級過得特別好，而是設法讓此發生在整個城邦中，以說服與強迫來調和城民，使他們相互分享他們各自能夠給予社群的利益而且它在城邦中產生這樣的人，不是為了允許他們轉向任何他們想要的地方，而是為了它可使用他們達成城邦的結合。

葛勞孔：這是真的，我確實忘了。

蘇格拉底：進一步探究，葛勞孔，我們不會不當對待在我們身邊將成為哲學家的人，反而我們要對他們說正義的事，強迫他們照顧及守護其他人。事實上我們會説，這樣的人若出現在其他城邦中不可能分擔在那些城邦中的勞動；因為他們依自身的意願成長以違背在各個城邦中的政治體制的意願之方式，但自我成長及不欠他物養育的事物有理不熱切償付養育它的報酬給任何事物；「可是我們為你們及在其他城邦中的其他人生下你們，就像在蜂巢中的領袖與國王，你們比別人受過更好及更完整的教育而且更能夠參與這兩種生活。你們應該各自輪流下到其他人的共同居所而且習慣觀看那些黑暗的事物；因為當你們習慣後你們看得比在那兒的人無數倍的清楚，而且知道每一個影子是何物及是何物的影子，因為你們看過與美，正義及善的事物有關的真理。因此我們及你們管理的城邦是清醒的而不是昏睡的，像現在許多城邦由為了統治與影子相互對打及拉幫結派之人管理，好像統治是個重要的善。可是想必真理該是如此：在城邦中將要執政之人最不熱中於執政，這個城邦必定是以最佳及最無派閥的方式被管理，但擁有對反的統治者的城邦，以對反的方式管理。」

◀ 我們能夠強迫一個人自由嗎？

◀ 哲學在城邦中的地位為何？

◀ 城邦被拿來與社會組織模型做比較。

◀ 哲學家的任務是要混入無知者之中以做見證。

◀ 叛亂、造反、抵抗，也就是對抗既有的權力。

◀ 為什麼要把權力託付給那些不想要的人？

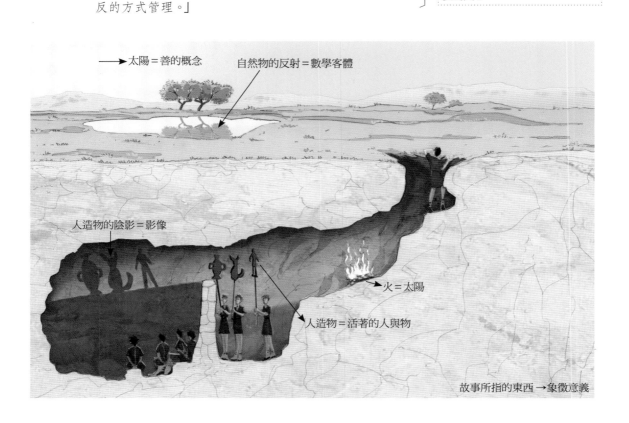

太陽＝善的概念

自然物的反射＝數學客體

人造物的陰影＝影像

火＝太陽

人造物＝活著的人與物

故事所指的東西 →象徵意義

**口試問題**

1. 洞穴中的人是否知道自己的無知？他們是幸福還是不幸福？
2. 那個爬出洞穴的人應該留在外面還是回到洞穴？請論證你的回答。
3. 光隱喻了什麼？

# Q4：我們永遠都該說真話嗎？

▶ 見第二冊〈道德哲學導論〉、〈義務責任〉

| 卡拉瓦喬，《老千》，1594年，
油畫，美國金貝爾美術館。

## 1. 真理的要求同時是理論與實踐

　　真理不只是知識上的理想，也是一種義務。說出真相具有道德的價值（▶見文本閱讀4-1，138頁）。因而與真理相對的不是錯誤，而是謊言，後者具有欺騙以及存心偽造真實的意圖。但從不說謊這一箴言是否就是遵守對真理、對自己或對他者的尊重？而這義務是否為毫無條件的？

## 2. 是否有例外

　　說謊者將自己置於與其對話者信任破裂的風險之下，並威脅到人際關係。但真理的責任從來不是只有一個面向，有時甚至會與人性責任衝突（▶見文本閱讀4-2，138頁）。醫生、國家乃至我們之中的任何人，都有可能因為出於良善的理由而說謊（▶見文本閱讀4-4，140頁）。在某些特定重要時刻，若突兀地宣布真相，其暴力造成的傷害有可能大於益處，因此必須謹慎運用（▶見文本閱讀4-5，140頁）。然而，這是否也表示，只有在對我們有益時，我們才會對賦予真理價值？若真如此，我們並不是覺得真理本身是必要的，而是在乎真理所產生的後果，也就是期望真理的結果看來能對我們有利。

**文本閱讀 4-1**

奧古斯丁

奧古斯丁 Augustin
352-430

「為了患者的利益，並基於正當理由，醫生會有意識的考量對病人隱瞞某診斷或某嚴重的初期診斷，除非病人會感染而危及到第三人。」——《醫學準則》

### 何謂說謊？

說出錯誤的事不代表就是說謊，因為我們可能只是搞錯了。說謊則不同：它是欺騙，因為真正的說謊者，他所說的會有別於他所知的。

無論是誰說出一件他相信或自認是真的的事，儘管是錯的，卻不是說謊。事實上，他對自己所說的深具信心，只是想表達內心所想，於是就這樣說了出來。但儘管他沒說謊，卻沒什麼好非議，假如他還相信他所不該相信的，或是還自認為已經知道，卻是他實際上忽略的事，這也會是真的：因為他把一件不知道的事當作是他知道的。也因此，說謊就是在心裡有件事，而以言語或任何一種示意表達為另外的東西。這也是為什麼我們說說謊者有二心，有表裡不一的兩種想法：其一是他知道的或認為是真的事物，卻不說出來；以及儘管他知道或認為是假的事物，卻拿來替代真的事物。

奧古斯丁，〈論謊言〉，出自《奧古斯丁全集》，Dévoile 譯本，L. Guérin 出版社，1866年，195頁。

Q1：為何一個說出錯話的人，儘管他沒有說謊，卻「沒什麼好非議」？

Q2：我們能說謊言是建立在欺騙的「意圖」之上（儘管奧古斯丁沒有使用這個詞）嗎？請定義「意圖」。

---

**貢斯當與康德之間的爭論**

約在 1797 年，貢斯當（Benjamin Constant）與康德對說謊的權利展開了一場針鋒相對的知名筆戰。在這場筆戰中，兩位哲學家逐條回應對手的論點。貢斯當認為在譴責之前，必先檢視謊言的情況及其會帶來的後果。毫不妥協的康德將說真話（véracité）當作絕對義務，並認為謊言不僅是對特定某個人也是對整體人類不公平。

---

**文本閱讀 4-2**

貢斯當

班哲明·貢斯當 Benjamin Constant
1767-1830

### 我們只有對那些值得[說]真話的人才有責任

道德原則上，說真話是必要的義務，但如果說真話以絕對且孤立的方式來處理，會讓整個社會變得無法運作。我們從一位德國哲學家那裡得出後面這原則所造成的直接後果，他甚至宣稱面對刺客問道他們所追殺的人——「你的朋友是不是躲在你家中？」——這個問題說謊，會是一種罪 [⋯]。

說真話是一種義務。什麼是義務？義務與權利的概念是分不開的：就一個人，義務是相應於另一人的權利。如果沒有權利，也就沒有義務。說真話因此對認為有權利要求真理的人並不是義務。不過，任何人都不能因為認為有權利要求真理而去傷害他人。

所以對我而言，這才是適用的原則。透過對原則的定義，我們發現該原則可連結到另一原則，而兩個原則之間的結合，提供我們面對困難阻礙的解決之道。

貢斯當，《政治回應》，1797年，Flammarion出版，1988年，137-138頁。

## 說出真相是絕對律令

**文本閱讀4-3**

康德

依曼努爾·康德 Emmanuel Kant
1724-1804

在陳述中，人所無法規避的真實性，是每個人對於其他人的形式義務，不論由此甚至可能會為他自己或其他人招致多麼嚴重的不利。同時，雖然捏造我的陳述，並不會使得那些迫使我以不義的方式進行陳述的人遭受到任何不公，然而，我確實是透過這種因而被稱之為是謊言的捏造（雖然不是在法學家[1]的意義下），對一般而言的義務的根本部分行不義之事：亦即，透過我的作為，我使得任何陳述（聲明）皆不再可信，同時也使得所有建立在契約之上的權利亦不再成立、喪失力量；這是一種加諸於一般人性的不義之舉。

因此，當謊言僅被定義為對他人蓄意作不實的聲明時，並不需要任何補充，說明它必然傷害另一個人，像法學家為定義它時所要求的那樣（mendacium est falsiloquium in praeiudicium alterius）[2]。因為，當說謊使得法的淵源（Rechtsquelle）失去效力時，說謊便時時刻刻都在傷害他人，即便不是傷害某個人，卻是傷害一般而言的人性。

康德，《論出於人類之愛而說謊之假想權利》，<br/>康德全集學術院版本（AA），第八卷，426頁，根據原文校譯。

> 「我因說謊所犯的錯，比我對他人說的謊來得嚴重。」——蒙田，《隨筆集》

[1] 如同康德後來更進一步解釋，說出錯誤的事實對法學家來說並不是說謊，還必須要造成損害。事實上，某一錯誤陳述必須要傷害某人，才足以構成法學家嚴謹意義上的謊言。

[2] 拉丁文，意為「說謊是損及他人的陳述」。

---

### 文本閱讀4-2、4-3

1. 貢斯當所提出的說謊問題，是屬於理論還是實踐層面？那康德呢？

2. 基於什麼原因，欺騙那些欺騙我們的人似乎是被允許的？請說明你的理由。

3. 是否有些例外的情況，我們的義務不只是不說出真相，甚至應該撒謊？

**文本閱讀4-4**

雨果

維克多‧雨果 Victor Hugo
1802-1885

*森普利斯修女的謊言*

　　面對執勤碰到瓶頸的警探賈維，森普利斯修女以充滿人性的謊言來回答他，因為她將對同類的愛置於對真理的要求之上。

　　──所以，賈維又再問，抱歉我這麼堅持，因為這是我的職責，您今晚沒有看到一個人，一個男人，他跑掉了，我們在找他。這人叫尚萬強，您沒看見他嗎？

　　修女說：沒有。

　　她說謊。她連說了兩次謊，一次又一次，毫不遲疑，快速，如同奉獻。

　　──打擾了，賈維說道，接著他深深鞠躬並離開。

　　啊，聖潔的女兒！妳早已不屬於這個世界；妳已經躋身聖女姊妹與天使兄弟之列；願這個謊言帶妳進入天堂！

雨果，《悲慘世界》，1862年，第八卷，第五章。

Q1：分別找出貢斯當與康德關於上文中所出現的論點，去解釋森普利斯修女的謊言。

Q2：是否如同貢斯當所說，森普利斯修女處於義務衝突的情境？

**文本閱讀4-5**

揚克列維奇

揚克列維奇 Vladimir Jankelevitch
1903-1985

*真相可能致命*

　　真相，歸根究柢如同謊言，必須謹慎運用。揚克列維奇提出警告：不是每個人都足夠成熟，也不是每個人都準備好接受真相可能包含暴力。

　　不是所有實話都能說；我們不能回答所有問題，至少我們不會隨便對任何人說出任何事情；有些實話必須運用無限的預防措施，透過一切的婉轉措辭[1]以及靈巧的迂迴說法[2]；心靈就像鳥一樣，只有在大幅盤旋之後才能停駐這些委婉與迂迴之上。但這樣還不夠：每個真理都有其時間點，時機法則根據的是啟蒙原則；在此之前太早，此後又太晚。[…]說實話，「所有的實話」，不論時間點，像是一個粗魯的人：真相的逐條陳述是循序漸進的；我們要如同強效萬靈丹來調配，而它也可能致命，因此要逐步增加劑量，讓心靈有時間來接受真相。例如第一次，我們描述故事經過；隨後才揭開寓言的神秘[3]。這就像是給孩子說的聖路易故事是一種，給青少年的又是另一種，而給國立文獻學院學生[4]的則是第三種。每個年紀都有一個版本，因為思想會逐漸成熟，從文字表面到精神內涵，逐個穿透越來越神秘真相的層

1｜以減輕殘酷的方式說話。

2｜透過迂迴，不直接指名的表達手法。

3｜深層但隱藏的意義。

4｜法國國立文獻學院（École Nationale des Chartes），尤其著重對法國歷史的深入探索。

次。對孩子要給牛奶，對成人則要給結實的麵包。

揚克列維奇，《諷刺》，1936年。Flammarion出版社，1979年，51頁。

Q1：對揚克列維奇來說，什麼是得知真相可能產生的致命後果？

Q2：透過舉例說明真相與強效萬靈丹的對比。

Q3：我們能說真話是好的，但真話卻不總是中聽嗎？

" That ' WHOLE TRUTH and NOTHING BUT THE TRUTH' can be tricky. "

羅伊‧德勒戈多（Roy Delgado）的畫作。「法庭上要我們發誓『說出事實之全部，絕無虛言』，可能是陷阱。」

人認識到的實在是否受限於自身？

# 哲學練習

— ✛ —

E X E R C I C E S

練習1：掌握字彙

1. 根據詞源來定義下列語詞：
   a. 像真的（vraisemble）
   b. 證實（vérifier）
   c. 確實的（véridique）
   d. 真正的（véritable）

2. 下列哪個語詞也是根據拉丁文字根「vrai」（真的）而來？
   a. 走廊（véranda）
   b. 裁決（verdict）
   c. 垂直的（vertical）

---

**練習1試答**

1. 像真的（法文 vraisemblable 是由「真」vrai 跟「相似」semblable 兩個字所組成）字面上意思是「具有真實的表象」，「相似到跟真的一樣」。「證實」（vérifier）一字從拉丁文「verificare verus」（真的）與「facere」（做）而來，意指「使其成真」、「帶來……的真相」。「確實的」（véridique）是從拉丁文「verus」（真的）與「dicere」（說）而來，意指「說真話的人」。加上後綴「able」的「真實的」（véritable）這個字，指的是「能夠是真的」，以及「那不能質疑的真實」。

2. 法文的「判決」（verdict）與法文的「確實的」（véridique）具有相同詞源：作出判決就是說出實話，確立真實發生過的事。

---

練習2：掌握字彙 ▶ 見第二冊〈道德哲學導論〉、〈義務責任〉

1. 分析以下的諺語，並個別解釋在諺語中所隱含的真理概念為何。
   a. 真相出自於孩童口中。
   b. 「In vino veritas」（拉丁文，意為「真相在葡萄酒中」，即「酒後吐真言」）
   c. 真理從井中浮出。
2. 何謂「隱瞞」的謊言？為何這尤其難以識破？

練習3：情況分析▶見第二冊〈道德哲學導論〉、〈義務責任〉

　　某些人漠然且不著痕跡地說謊，人們會說他們「懂得說謊」，而有些人的行為舉止洩漏了他們所說的謊，人們說他們「不太會說謊」。

　　不過，在2012年，西班牙格拉納達大學的實驗心理學學者指出，當人們說謊時，鼻子會發熱、發紅且發脹。

1. 還有哪些徵兆會讓人洩漏自己的謊言？
2. 測謊機可以作為可靠的儀器嗎？它假設了什麼樣的身心關係？

| 克里斯托夫・札哈洛夫（Christopher Zacharow），《長鼻子說謊者》。

### 練習3試答

1. 這些所謂的肢體語言，就是說謊的徵兆：發紅、手汗、出汗、神經緊張、心跳加快、眼神飄忽、瞳孔放大、抽搐等。
2. 不，因為這些所提到的徵兆都是不明確且因人而異的。此外，這些被視為洩漏說謊的表現，可以用因為說謊的人緊張來解釋。一切好像變成身體「意識」到心靈的謊言，而顯現出不自在的徵兆。難道我們的身體比我們的言語來得誠實嗎？

練習4：情況分析▶見第二冊〈道德哲學導論〉、〈義務責任〉

　　一場訴訟中被傳喚的證人必須宣誓，複述一段固定用語，承諾他們不說謊，也就是不會提交假的證詞。但誓詞因國而異。在美國，有時要將左手放在《聖經》上來回答這個問題：「您是否發誓要說實話，要說出全部事實，絕無虛言？請舉起右手並說：『我發誓。』」在法國，該慣用誓詞是：「我發誓，我所說的話毫無怨懟與畏懼，我會說出全部事實全部，絕無虛言。」

1. 「說實話」與「說出全部事實，絕無虛言」之間的差異為何？
2. 這些不同的用語，可以讓我們了解這些國家有哪些文化差異？
3. 訴訟之外的作證，哪些謊言會受到法律處分，而哪些不會？哪些專業人士可以不受作證傳喚？

練習5：邏輯思考

| | 對 | 錯 |
|---|---|---|
| 2+2=4 | | |
| 2+2 ≠ 4 | | |
| 我相信 2+2=4 | | |
| 2+2 ≠ 4 是對的 | | |
| 2+2=4 是對的 | | |
| 2+2=4 是錯的 | | |
| 對的是錯的 | | |
| 錯的是錯的 | | |
| 對的是錯的會是對的 | | |
| 錯的是錯的會是錯的 | | |

練習6：概念區分

　　錯覺與錯誤是不同的，錯覺不必然是錯誤。亞里斯多德的想法認為害蟲應該是從垃圾中生出來 [⋯] 是一種錯誤 [⋯]，而當哥倫布以為找到航向印度的新航路則是一種錯覺。後者錯誤中顯然有欲望的成分。[⋯] 錯覺的特性，在於它是從人類的欲望中衍生出來。

佛洛伊德，《錯覺的未來》，1948年。

1. 對佛洛伊德來說，為何哥倫布是錯覺的受害者？為什麼我們也可以說一個戀愛中的人是「產生錯覺」呢？
2. 為何錯覺不僅是單純的錯誤（例如計算錯誤）？它是否具有特有的力量？請以下方圖案來說明。
3. 佛洛伊德所提出的解釋能夠說明視覺錯覺的現象嗎？這是否能夠質疑佛洛伊德對錯誤與錯覺之間的區別？

| 例1：「咖啡牆」錯覺（看似不平行的平行線）。

| 例2：穆勒─萊爾錯覺（看似不等長的兩段等長線）。

## 練習6試答

1. 哥倫布想要發現通往印度新航路的欲望之強烈，以致於無法認清現實：他所發現的是一個新大陸。同樣的，期望看見自己所愛的人，可能將自己的欲望當作真實。在這兩種情況下，判斷都會變質。

2. 擺脫錯覺比擺脫錯誤還難，因為欲望與幻想是相互關聯的：不像了解真相可以驅散錯誤，對真相的了解並不足以驅散錯覺。錯覺抗拒受到駁斥，因為它的根源是很深層，而對它所不感興趣的真理，則更難接受。

3. 一般來說，視覺錯覺與感知錯覺的起源是感官的，並不涉及哪種欲望或哪個個體，因此佛洛伊德所提出的區分並不是用於這些情況。然而，要擺脫這些擄獲人們的錯覺是困難、甚至不可能的。因此，我們的認知僅止於糾正我們的錯誤，而無法消滅我們所依戀的錯覺，這是由於欲望、習慣的力量，或是我們腦袋運作的方式。

## 練習7：對概念提出質疑

透過這一章中所引用的文本，針對下列問題，指出教條主義、相對主義、懷疑論，以及奧斯丁，可能會如何回答。

a. 天空是什麼顏色？
b. 3+8 等於？
c. Pi（π）的數字等於？
d. 米飯的滋味是否比麵條好？
e. 畢卡索是否為偉大的藝術家？
f.  神是否存在？

## 練習8：對文本提出批判

這個絕對的追求真理的意志：它是什麼？是不受騙的意志？是不欺騙的意志？[…]：——在此，我們立於道德的根基。因為人們只會捫心自問：「為什麼你不願意騙人？」尤其是假如應該有表象（Anschein）存在的話，——而表象的確存在！——當假如生活著眼於表象的話，我指的是[著眼於]謬誤、欺騙、偽裝、迷亂、自我蒙蔽，[…]「追求真理的意志」——這可能是隱匿的追求死亡的意志。——

尼采，《快樂的科學》，第五書，344節。KSA 3，575-576頁，根據原文校譯。

1. 這段文本的論題為何？請證明所使用的推論類型？
2. 在同一著作的其他段落，尼采尤其提到「科學精神的紀律」：你認為科學家所投入對真實的研究是出自於對熱愛生命，還是受到「死亡意志」（volonté de mort）所驅動？
3. 那些無法忍受真相的人是因為他們比他人來得嚴謹，或僅僅是他們的精神比較脆弱與敏感？

練習9：找出命題的問題意識

　　透過下列問題的輔助，針對「懷疑，是否就是拒絕真理？」提出問題意識。
── 當我們懷疑時，我們究竟拒絕了什麼？
── 假使我們從不懷疑，如何確保我們擁有真理？
── 難道不該區分永久且系統性的全面懷疑，如懷疑論者，以及一生只有一次的懷疑，如笛卡兒式的懷疑？

## 綜 合 整 理

定義

**真理指的是一項陳述（斷言、命題）的特性，同時符合實在以及陳述自身。**

提問　**Q1：如何區別真與假？**

癥結

> 除了數學或邏輯等某些情況之外，我們會根據實在作為參照來判斷真理是什麼。

答題方向

> 事物沒有真或假，而是我們的想法，或我們所主張的論述，才有真假。

引述

> 「物質是無活力的，幾何學，必然性。但是生命會顯示出不可預測的和自由的運動。」（柏格森）

提問　**Q2：科學是所有真理的典範嗎？**

癥結

> 因為它是基於論證或實驗，科學可做為真理的參照。但真理只存在於科學中嗎？

答題方向

> 對巴斯卡而言，幾何（理性）思維與細膩思維（判斷）是兩種不同的能力，導出兩種互補的真理。對齊克果而言，真理尤其要賦予存在意義。

引述

> 「真理是我內在活生生的東西。」（齊克果）

提問 ⋯ **Q3：真理是相對的嗎？**

癥結

一致同意的真理是少有的。難道果真只有主觀的看法而沒有普世的真理？

答題
方向

逃避在相對主義式的謹慎態度，如同普羅塔哥拉或是如同皮羅的懷疑主義，是誘人了。但這是一個取巧的解決之道，甚至可能破壞真理的概念。

引述

「人是萬物的尺度。」（普羅塔哥拉）

---

**論文寫作練習：試分析下述主題**
- 「科學真理可能是危險的嗎？」（經濟社會組，2010）
- 「我們能夠消除偏見嗎？」（經濟社會組，2007）

# 譯名表

## 人名

| 中文 | 法文 |
|------|------|

### 1-5 劃

| 中文 | 法文 |
|------|------|
| 士郎正宗 | Masamune Shirow |
| 大衛・休謨 | David Hume |
| 切賽爾登 | William Cheselden |
| 孔迪亞克 | Étienne Bonnot de Condillac |
| 巴爾塔薩・克萊斯 | Balthazar Claës |
| 巴魯赫・史賓諾莎 | Baruch Spinoza |
| 加斯東・巴舍拉 | Gaston Bachelard |
| 卡拉瓦喬 | Le Caravage |
| 卡塔林・塔拉努 | Catalin Taranu |
| 卡爾・波普 | Karl Popper |
| 布萊茲・巴斯卡 | Blaise Pascal |
| 弗拉迪米爾・揚克列維奇 | Vladimir Jankélévitch |
| 弗朗西斯科・哥雅 | Francisco de Goya |
| 皮耶・迪昂 | Pierre Duhem |
| 皮羅 | Pyrrhon of Elis |

### 6-10 劃

| 中文 | 法文 |
|------|------|
| 伊本・魯世德 | Ibn Rushd |
| 伏爾泰 | Voltaire |
| 吉伯特・賴爾 | Gilbert Ryle |
| 米歇・昂希 | Michel Henry |
| 米歇爾・傅柯 | Michel Foucault |
| 米歇爾・德・蒙田 | Michel de Montaigne |
| 艾比克泰德 | Épictète |
| 艾倫・涂林 | Alan Turing |
| 艾莉絲・德紹尼耶 | Élise Desaulnier |
| 艾德沃德・麥布里奇 | Eadweard Muybridge |
| 艾德蒙・胡塞爾 | Edmund Husserl |
| 艾彌爾・涂爾幹 | Émile Durkheim |
| 西格蒙德・佛洛伊德 | Sigmund Freud |
| 伯特蘭・羅素 | Bertrand Russell |
| 克里斯托夫・札哈洛夫 | Christopher Zacharow |
| 克洛德・貝爾納 | Claude Bernard |

| 希拉蕊 · 普特南 | Hilary Putnam |
| 希波克拉底 | Hippocrate |
| 里昂 · 科瓦斯基 | Leon Kowalski |
| 依曼努爾 · 康德 | Emmanuel Kant |
| 尚—皮耶 · 尚傑 | Jean-Pierre Changeux |
| 尚—皮耶 · 克雷侯 | Jean-Pierre Cléro |
| 尚傑 · 維瑪 | Jean-Baptiste Jeangène Vilmer |
| 尚萬強 | Jean Valjean |
| 彼得 · 辛格 | Peter Singer |
| 押井守 | Mamoru Oshii |
| 拉瓦節 | Antoine-Laurent de Lavoisier |
| 拉格倫勛爵 | Lord Raglan |
| 昂希 · 柏格森 | Henri Bergson |
| 昂希 · 龐卡赫 | Henri Poincaré |
| 法蘭西斯 · 培根 | Francis Bacon |
| 阿威羅伊 | Averroès |
| 阿爾弗雷德 · 塔斯基 | Alfred Tarski |
| 保羅 · 克利 | Paul Klee |
| 威廉 · 狄爾泰 | Wilhelm Dilthey |
| 威廉 · 詹姆斯 | William James |
| 約翰 · 奧斯丁 | John Langshaw Austin |
| 迪亞哥 · 維拉斯奎茲 | Diego Vélasquez |
| 哥特弗里德 · 威廉 · 萊布尼茲 | Gottfried Wilhelm Leibnez |
| 根特的昂希 | Henri de Gand |
| 泰歐杜勒 · 李波 | Théodule Ribot |
| 班哲明 · 貢斯當 | Benjamin Constant |
| 索倫 · 齊克果 | Søren Kierkegaard |
| 草薙素子 | Motoko Kusanagi |
| 馬克 · 多馬芝 | Marc Domage |
| 馬克思 · 朗格諾拉 | Max Lungarella |
| 馬克斯 · 普朗克 | Max Planck |
| 馬塞爾 · 卡內 | Marcel Carné |

## 11-15 劃

| 第歐根尼 · 拉爾修 | Diogène Laërce |
| 荷內 · 馬格利特 | René Magritte |
| 荷內 · 笛卡兒 | René Descartes |
| 莫利紐茲 | Molyneux |

| | |
|---|---|
| 莫里斯・艾雪 | Maurits Cornelis Escher |
| 莫里斯・梅洛龐蒂 | Maurice Merleau-Ponty |
| 勞爾・杜菲 | Raoul Dufy |
| 喬凡尼・斯特拉丹諾 | Giovanni Stradano |
| 喬治・岡圭朗 | Georges Canguilhem |
| 喬治・盧卡斯 | George Lucas |
| 喬塞皮・貝祖歐利 | Giuseppe Bezzuoli |
| 斐德羅 | Phèdre |
| 普羅塔哥拉 | Protagoras |
| 森普利斯 | Simplice |
| 湯瑪斯・孔恩 | Thomas Kuhn |
| 菲力普・哈梅特 | Philippe Ramette |
| 菲利浦・德斯寇拉 | Philippe Descola |
| 費德利希・尼采 | Friedrich Nietzsche |
| 閔斯基 | Minsky |
| 奧古斯特・孔德 | Auguste Comte |
| 愛梅・帕羅里尼 | Elmer Parolini |
| 楊・維梅爾 | Johannes Vermeer |
| 賈克・戴斯達 | Jacques Testart |
| 賈維 | Javert |
| 路德維希・維根斯坦 | Ludwig Wittgenstein |
| 雷利・史考特 | Ridley Scott |
| 漢斯・蓋奧爾格・高達美 | Hans Georg Gadamer |
| 維克多・雨果 | Victor Hugo |
| 蓋洛・卡斯巴洛夫 | Garry Kasparov |
| 赫伯特・德雷福斯 | Hubert Dreyfus |
| 德尼・狄德羅 | Denis Diderot |
| 歐布里德斯 | Eubulide |
| 歐幾里德 | Euclide |
| 歐諾黑・德・巴爾札克 | Honoré de Balzac |
| 鄧肯・麥克道格 | Duncan MacDougall |

## 16 劃以上

| | |
|---|---|
| 盧克萊修 | Lucrèce |
| 羅伊・德勒戈多 | Roy Delgado |
| 羅賓・奧福德 | Robin Offord |
| 讓—皮耶・杜匹 | Jean-Pierre Dupuy |

# 作品

| | |
|---|---|
| 對話錄 | Entretiens |
| 精神分析引論 | Introduction à la psychanalyse |
| 精神世界 | Le Monde de l'esprit |
| 精神的概念 | La Notion d'esprit |
| 精神指引的規則 | Règles pour la direction de l'esprit |
| 精神能量 | L'Énergie spirituelle. |
| 銀翼殺手 | Blade Runner |
| 論出於人類之愛而說謊之假想權利 | D'un prétendu droit de mentir par humanité |
| 論動物的部分 | Parties des animaux |
| 論實證精神 | Discours sur l'esprit positif |
| 論確實性 | De la certitude |
| 論謊言 | Du mensonge |

## 16 劃以上

| | |
|---|---|
| 憨第德 | Candide |
| 諷刺 | L'Ironie |
| 錯覺的未來 | L'Avenir d'une illusion |
| 隨筆集 | Essais |
| 鴨—兔 | Le Canard-lapin |
| 臨床醫學的誕生 | Naissance de la clinique |
| 醫學準則 | Code de déontologie médicale |
| 關於盲人的書簡 | Lettre sur les aveugles |
| 關於描述性與分析性心理學的概念 | Idées concernant une psychologie descriptive et analytique |
| 關鍵演說 | Discours décisif |

## 地名

| | |
|---|---|
| 土魯斯 | Toulouse |
| 西班牙格拉納達大學 | University of Granada |
| 杜埃 | Douai |
| 法國國立文獻學院 | École Nationale des Chartes |
| 法國國立現代藝術博物館 | Musée national d'Art moderne |
| 法國國家資訊暨自動化研究院 | INRIA |
| 金貝爾美術館 | Kimbell Art Museum |
| 查爾特勒修會博物館 | Musée de la Chartreuse |
| 洛杉磯郡立美術館 | County Museum of Art |

| 博比尼 | Bobigny |
|---|---|
| 普拉多博物館 | Musée du Prado |
| 盧昂大學 | l'Université de Rouen |
| 舊宮 | Palais Vecchio |

---

# 專有名詞

## 1-5 劃

| 一致性 | cohérence |
|---|---|
| 三段論證 | syllogisme |
| 小腦 | cervelet |
| 不真實 | iréel |
| 文本 | Text / le texte |
| 水粉畫 | gouache |
| 可否證性 | falsifiablité |
| 可否證的 | falsifiable |
| 可理解性 | intelligibilité |
| 可證實性 | vérifiabilité |
| 外表／外觀 | apparence |
| 弗羅林 | florin |
| 正確地再現 | richtige Darstellung / la justesse d'une représentation |
| 正確性 | Richtigkeit / justesse |
| 正確的生活 | la vie juste |
| 生命原則 | principe vital |
| 生命衝力 | l'élan vital |
| 生殖醫學 | médecine procréative |
| 生機論 | vitalisme |
| 生機論者 | vitaliste |
| 皮羅主義者 | Pyrrhonien |

## 6-10 劃

| 交談 | Gespräch / conversation |
|---|---|
| 伊底帕斯情結 | complexe d'Œdipe |
| 先驗／先於經驗／先天 | a priori |
| 先驗主體 | sujet transcendantal |
| 印象 | impressions |

| 地主國 | l'État d'accueil |
| 有生命的 | animé |
| 死亡意志 | volonté de mort |
| 自由遊戲 | freies Spiel der Vorstellungskräfte |
| 自由遊戲的能力 | le libre jeu des facultés |
| 自存自在之物／物自身 | une chose en soi |
| 自我批判 | Selbstkritik / autocritique |
| 自我的存在 | la réalité en soi |
| 自我概念的理智直觀 | l'intuition intellectuelle de l'idée du moi |
| 作用歷史的意識 | das wirkungsgeschichtliche Bewußtsein / la conscience du travail de l' histoire |
| 克卜勒定律 | la loi de Kepler |
| 克里特島人的悖論 | paradoxe du Crétois |
| 克羅澤 | kreuzer |
| 我思 | le je pense |
| 技藝 | Kunstlehre / une technique |
| 材料 | données |
| 典範 | paradigme |
| 拆解 | se résout |
| 治外法權 | l'extra-territorialité |
| 法的淵源 | Rechtsquelle |
| 法蘭德斯畫派 | école flamande |
| 泛靈論 | animisme |
| 物質證據 | preuves matérielles |
| 社會事實 | les faits sociaux |
| 表象／再現／認知 | représentation |
| 阿拉馬河戰役 | la bataille de l'Alma |
| 活的、活生生的 | vivant |
| 活的物質 | matière vivante |
| 相對主義 | relativisme |
| 重建 | Nachschaffen / recréer |
| 原初事實 | le fait brut |
| 埃庇米尼德斯的悖論 | paradoxe d'Épiménide |
| 格子籠蛋雞飼養 | Élevage de poules pondeuses en batterie |
| 涂林測試 | test de Turing |

| | |
|---|---|
| 真 | vrai |
| **真理** | vérité |
| 真理相符論 | vérité-adéquation |
| **真理符合論** | vérité-conformité |
| 真理符應說 | vérité-correspondance |
| **真實** | le réel |
| 純粹的感覺 | un sentir pur |
| 脈絡 | contexte |

## 11-15 劃

| | |
|---|---|
| 乾癟的規則性 | la régularité rigide |
| 假 | faux |
| 教條主義 | dogmatique |
| **欲望／鑑賞／品味** | le goût |
| 深藍 | Deep Blue |
| **現實／實在／實際** | la réalité |
| 理性心理學 | la psychologie rationnelle |
| **理性論證** | démonstration rationnelle |
| 理性證據 | preuves rationnelles |
| **理智** | l'entendement |
| 通則化 | généraliser |
| **頂葉** | lobe pariétal |
| 創造衝力 | élan créateur |
| **普遍合理的法則** | lois rationnelles universelles |
| 普遍理性的法則 | lois de la raison universelle |
| **無生命的** | inanimé |
| 無生息的 | inerte |
| **虛幻性** | inanité |
| 虛構理論 | théorie des fictions |
| **視角** | perspectiviste |
| 階級鬥爭 | la lutte des classes |
| **意識形態** | l'idéologie |
| 感性 | la sensibilité |
| **禁用動物論者** | abolitionniste |
| 經驗法則 | lois expérimentales |
| **經驗的知識** | connaissance empirique |
| 解釋 | expliquer |
| **試錯** | des essais et des erreurs |

| 詮釋學 | l'herméneutique |
|---|---|
| **詮釋學循環** | cercle herméneutique |
| 預測性醫學 | médecine prédictive |
| **實證主義** | positivisme |
| 實證理論 | théorie positive |
| 演繹 | déduction |
| 福利主義者 | welfariste |
| **精神／幽靈／心靈能力** | esprit |
| 精神生活 | la vie psychique |
| **製造好像是** | faire comme si |
| 認識論上的障礙 | obstacles épistémologiques |
| 說真話 | véracité |
| 說謊者的悖論 | le paradoxe du menteur |
| **輕率** | imprudence |
| 領事國 | l'État accueilli |
| **審慎** | la prudence |
| 模組化 | modéliser |

## 16 劃以上

| 導演 | la mise en scène |
|---|---|
| 穆勒─萊爾錯覺 | illusion de Müller-Lyer |
| **錯覺** | illusion |
| 賽伯格 | cyborg |
| **斷言** | assertions |
| 謬誤推論 | paralogisme |
| **額葉** | lobe frontal |
| 懷疑論 | sceptique |
| **類比** | l'analogie |
| 懸置 | épochè |
| **辯證幻相** | l'apparence dialectique / der dialektische Schein |
| 辯證的科學 | la science dialectique |
| **顳葉** | lobe temporal |

法國高中生 哲學讀本 V

PASSERELLES
PHILOSOPHIE TERMINALES L.ES.S

# 人認識到的實在是否受限於自身？
## 探索真實的哲學之路

作　者　侯貝（Blanche Robert）等人 ｜譯　者　梁家瑜、蔡士瑋、廖健苡 ｜審　定　沈清楷 ｜特約編輯　宋宜真 ｜全書設計　徐睿紳 ｜排　版　謝青秀 ｜執行編輯　官子程 ｜行銷企畫　陳詩韻 ｜總編輯　賴淑玲 ｜社　長　郭重興 ｜發行人　曾大福 ｜出版者　大家出版／遠足文化事業股份有限公司 ｜發　行　遠足文化事業股份有限公司　231 新北市新店區民權路108-4號8樓　電話 (02)2218-1417　傳真 (02)8667-1851　劃撥帳號 19504465　戶名　遠足文化事業有限公司 ｜法律顧問　華洋法律事務所　蘇文生律師

PHILOSOPHIE TERMINALES ÉDITION 2013

Written by Blanche Robert, Hervé Boillot, Yannick Mazoue, Patrice Guillamaud, Matthieu Lahure, David Larre, Aurélie Ledoux, Frédéric Manzini, Lisa Rodrigues de Oliveira, Tania Mirsalis, Larissa Paulin, and Karine Tordo Rombaut

Copyright © 2013 by Hachette Éducation

All rights reserved.

Chinese complex translation copyright © Walkers Cultural Enterprise Ltd. (Imprint: Common Master Press)

Published by arrangement with Hachette Éducation through LEE's Literary Agency

國家圖書館出版品預行編目 (CIP) 資料

人認識到的實在是否受限於自身？：探索真實的哲學之路 / 侯貝(Blanche Robert)等著；梁家瑜, 蔡士瑋, 廖健苡譯. -- 初版. -- 新北市：大家出版：遠足文化發行, 2019. 03
面；　公分. -- (法國高中生哲學讀本；5)
譯自：Passerelles : philosophie terminales L.ES.S
ISBN 978-986-97069-8-8 (平裝)

1.西洋哲學

140　　　　　　　　　　　　　107023711

定　價 450元
初版 1刷 2019年3月
初版 11刷 2023年2月
ISBN 978-986-97069-8-8

◎有著作權・侵犯必究◎
──本書如有缺頁、破損、裝訂錯誤，請寄回更換──
本書僅代表作者言論，不代表本公司／出版集團之立場與意見